# 下闲書

阎先会 著

山东人民出版社

# 目录

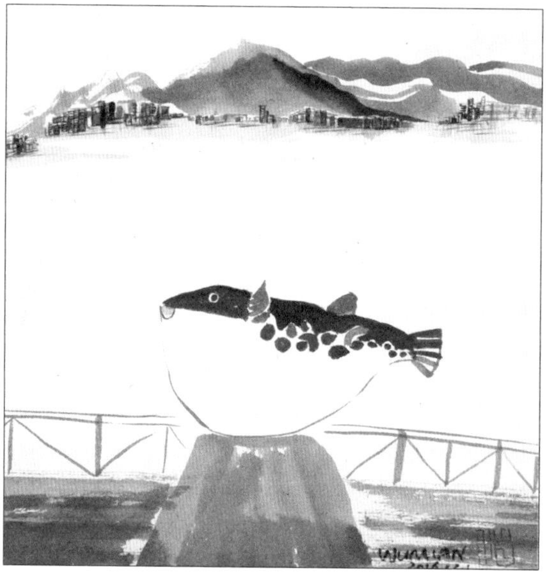

# 下关是一本书

### 下关市市长　前田晋太郎

　　诸位，大家好。初次见面，我是下关市市长前田晋太郎，请多关照。

　　下关市位于本州岛的最西端，三面环海，自古繁华。作为进出大陆的"玄关"，下关很早就与中国密切交往，特别是和本书作者阎先会君的故乡山东颇有渊源。一九七九年，下关市与青岛市缔结盟约，成为友好城市，尔来三十余年间，两市在经济、文化、教育、体育等方面交流频繁。

　　以海峡文化研究为宗旨的"文化塾"（塾长大越清美女史），几乎集结了下关市的所有文化名流，小阎是其中唯一一位外国人塾生，从别人那里听说他正在写一本关于下关的书，最初我还有点怀疑抑或是担心，因为关于下关的历史文化，就算日本人写起来也不是一件容易的事。但是，不久我就欣喜地看到了《下关书》的完成稿。在我的办公室听小阁谈论这本书稿的时候，我的内心涌出了莫名的感动，不仅仅是因为他写出了连我这个本地人也不了解的历史掌故，更多的是他对旅居的下关市所抱有的那一份热忱和爱恋。

《下关书》以一个中国人的视角，用纤细的文笔，介绍了下关市的名胜古迹以及相关联的历史、传说、人物，并且配有精美的照片，图文并茂。以此书结缘，说不定，哪位读者会考虑在适当的时候，亲自来下关市走走看看呢。

相对于自然风貌，《下关书》里更多描述了本地的人文景观。的确，"下关"一地，频频出现在日本历史的大舞台上，单单是两次最重要的历史拐点：源平合战与明治维新，就足以让下关市在世界上有了很高的知名度。《下关书》里描述的历史旧痕散落在下关市的各处，它们为这个城市平添了无穷的魅力。

下关的确是一个感性的、美丽的城市，玉带一般的关门海峡，东边是风光明媚、静如处子的濑户内海，西侧是烟波浩渺、气吞万里的日本海。一年四季当中，这里不仅仅是风景绮丽、山明水秀的下关，也是有着山珍海味、珍馐美馔的下关。

对于下关的介绍我就不必赘言了，《下关书》一册在手，必能满足您的阅读兴致，如能打动阁下，动了来下关观光的念头，身为地方长官，我将不胜欣喜。

最后，我诚挚地向《下关书》的作者阎先会君，以及为此书的出版而尽力的各位朋友表示感谢。

下关市市长

前田晋太郎

002～003

# 有朋自远方来，不亦乐乎

## 下关市议会议长　户泽昭夫

中日两国一衣带水，下关与青岛是友好城市，多年来，无论是政府间还是民间，通过多层次多方位交流，已经建立了高度的信赖关系和深厚的友谊。下关市民热情好客，尤其对中国客人充满好感。

阎先会先生旅居下关十年，已经把这里视为自己的第二故乡，早在五年前他就被《朝日新闻》选为山口县最活跃的外国人之一，身为教师的他一直致力于两国间的文化交流。这次，他要出版一本书，将下关介绍给母国的广大读者，我身为下关市民，一则感到由衷地高兴，再则要向他表示十分的感谢。

下关是一座千年古城，历史遗迹多多，这里既是让武家政权抬头的古战场，也是终结了幕府统治的"明治维新发祥地"。徜徉其中，除了令人平添许多思古、怀旧之情，也可以让大家欣赏到一年四季随时序变化的美景。不过，更值得向大家推荐的是下关独具特色的美食：河豚料理。下关的"河豚生鱼片"可谓世界一绝，吃河豚的风习也由来已久。在古代，因为贪吃河豚，每年都有人中毒而死，以至于太阁大人丰臣秀吉一度下令禁止国人食用河豚。多年后解此禁令者，是明治政府初代总理大臣伊藤博文公，因为他同样也是一位贪恋河豚美味的"吃货"。

下关有漫长的海岸线，故多得海洋之惠，同时也被群山环绕，因此广受山林之幸，本地的鹿肉、野猪肉已经成为高级食材，与河豚一样享誉全国。

我希望诸位通过阅读《下关书》，感知下关的魅力，加深对下关的理解，与下关结缘。正如孔子在《论语》中说的："有朋自远方来，不亦乐乎？"今年，已经有十几艘大型客轮满载着中国的游客寄港下关，游览了这个美丽的海峡之城。下关早就准备好了，她将以最高的热情期待你的光临，让你不虚此行。

再一次祝贺《下关书》的付梓，再一次向阎先会先生献上我的敬意。

下关市议会议长

户泽昭夫

# 関門海峡・浪漫マップ

KANMON STRAIT

○壇之浦橋　始発便 6:00　最終便 21:29　おおむね20分間隔で出発
○マリンゲートもじ　始発便 6:15　最終便 21:50　おおむね20分間隔で出発

下関市歴史博物館（平成28年11月開館）

下関市立美術館

## 凡例
- P 駐車場
- 障害者トイレ
- 海峡ビューポイント
- 商業施設
- 恋人の聖地

中国自動車道

関門トンネル

下関市

九州自動車道

北九州市

長州藩下関田台場跡

平家の一杯水

めかり潮流茶屋

関門トンネル人道入口

和布刈神社

めかり第二展望台

門司城跡

和平パーク

門司八幡神社

関門トンネル

みもすそ川公園

関門トンネル人道入口

関門自動車道

関門橋

和布刈観潮公園

ノーフォーク広場

北九州銀行レトロライン

関門海峡

本陣伊藤邸跡

姉妹都市ひろば

福田ひさお信用金庫

福岡中央銀行

光明寺

観光物産館海響ハウス

門司港地ビール工房

唐戸市場

ブルーウィングもじ

営業時間
10:00~10:20, 11:00~11:20
13:00~13:20, 14:00~14:20
15:00~15:20, 16:00~16:20

門司港レトロ地区

カモンワーフ

関門連絡船

海響館

ホームリンガ商会

旧大阪商船

門司郵船ビル

旧JR九州本社ビル

二階建てロンドンバス

はいからっと横丁

青春交響の塔

マリンゲートもじ

フォーターフロント
プロムナード

下関市立しものせき水族館海響館

北九州市

山口県行下関本線

海

峡

関門汽船(株)［毎日運航］
TEL.093-331-0222（門司側）
TEL.083-222-1488（下関側）

巌流島航路

下関旅游图

# 引 子

作家汪曾祺先生在一篇文章里，提到了贵阳江
南会馆戏台上的一副对联：花深深，柳阴阴，听隔
院声歌，且凉凉去。月浅浅，风窈窈，数高楼更鼓，
好缓缓归。

倘若，人生如戏，这便是我游戏其中的心态与
姿态。

日本人偶与萩烧名品

# 前　记

　　把期待已久的旅行说成"从你待腻了的地方去别人待腻了的地方"，未免有点煞风景。所谓树挪死人挪活，寄情山水，是多么美好的事情，在我看来，旅行者即诗人。哪怕一次短暂的外游，也让人生忽然变得明亮而富有激情。

　　看官，您站好，请允许我用中式儒家礼仪给您先深鞠一个躬，然后紧紧握住您的手，用咱们亲切的中文说："欢迎来下关。"

　　礼多人不怪——尤其是在日本，每一个光顾下关的阅读者都是我的衣食父母，也是下关市民的衣食父母。这么说一点也不过分，在日本，"お客様は、神様である"。啥意思？——顾客就是上帝。

这是一本"下关限定版"的中文图书，所写内容绝大部分都是日本山口县下关市的古今风物，并且在下最初的考量是只在下关市内发行。我想通过这些文字，在诸位行色匆匆的旅途间歇里，完成一次愉快的交谈。

日本茶道文化里有一种境界叫作"一期一会"，这出自安土桃山时代日本茶圣千利休的语录，利休谆谆教诲本门弟子，每一次茶事，都要怀着一生中仅此一次的心情，来体验做茶与饮茶中的况味，直至悟道。

一期一会——这般况味的书写与阅读，令我无限向往。

我写这本书，缘起于我在留学生时代认识的一个朋友藤原良二先生，彼时，他在下关市国际交流课里"仕事"，热心于下关与青岛两地友好城市之间的诸般交流。后来，他升任观光政策课的课长，接手的首要工作之一就是邀请海外游客来下关游山玩水、吃喝玩乐，由此搞活本地经济。"观光立国"是小泉内阁时代就制定的国策，眼看着东京、大阪、京都、福冈、北海道等大都会外国游客蜂拥而至，并且"爆买"而归，商家们心里都乐开了花。于是，日本的地方小城市也都红眼了。

论旅游资源，下关市的人文历史与自然景观一点儿都不输给大都会，但是识者寥寥，所以来者寂寂。据藤原兄说，平均每年来下关的观光客不到一万人，而且韩国人居多。他有些费解，还一度怀疑是不是下关市历史的天空中（此地曾用名为马关），曾经飘过一个世纪前的甲午风云，撩到了我们的爱国神经。

俱往矣，中国游客没那么气量狭窄，下关只是大清臣子李鸿章的伤心地，如今，《马关条约》纪念馆已经成了著名的观光景点。历史是让后人铭记的，不是留待重演。

怀旧样板戏《沙家浜》里阿庆嫂的一段唱词说得好："垒起七星灶，铜壶煮三江，摆开八仙桌，招待十六方，来的都是客，全凭嘴一张……"

看官，您随我来，这边厢请。

# 赤间神宫记

## 平家哀话

　　说到日本古典长篇小说，紫式部的《源氏物语》与无名氏的《平家物语》堪称"双璧"。后者是著名的军纪物语，作者不详，记述的是公元一一五六年至一一八五年间，武家集团源氏与朝臣平家一族的权力争斗。最初以"座头"（盲艺人）操琵琶伴奏加说唱的形式，在市井百姓当中流传，加工，再流传……大约到了镰仓幕府时代中期，这一类"平曲"形成各种版本，可谓家喻户晓，相当于《三国演义》在中国民间的知名度。《三国演义》开篇一首《临江仙》："滚滚长江东逝水，浪花淘尽英雄，是非成败转头空……"读来令人荡气回肠。《平家物语》开卷也是赋诗一首：

祇園精舎の鐘の音、諸行無常の響きあり

沙羅双樹の花の色、盛者必衰の理を表わす

驕れる人も久しからず、ただ春の夜の夢の如し

猛き者も遂には滅びぬ、偏に風の前の塵に同じ


　　失敬，忍不住卖弄一下日语吧，因为我觉得这首诗在形式和内容上几近完美，不适合翻译，通过夹杂在假名中的汉字，我们也不难理解其中的无常、哀怨、悲情的意义表达。当然，周作人先生是深谙日本文化真髓的大家，他的译文值得称道：

祇园精舍钟声响，

诉说世事本无常。

沙罗双树花失色，

盛者必衰若沧桑。

骄奢主人不长久，

好似春夜梦一场。

强梁霸道终殄灭，

恰如风前尘土扬。


　　为什么要先拉杂上一段《平家物语》的故事呢？因为本州岛上的下关市与这一部凄美的小说背景有着

难以割舍的历史渊源。
从文治元年（1185年）
三月二十三日开始，源
义经率领的源氏军团，
与平知盛指挥的平家大
军在下关的"早鞆海峡"
进行了一次决定命运的
海战，史称"坛之浦合
战"。据另一部军纪物

安德天皇陵前

语《吾妻镜》里描述，源氏方面有战船八百四十艘，
平家军有战船五百余艘，战斗持续了两天，以平家军
失败告终。时年六岁（一说八岁）的安德小天皇，被
他的外祖母二位尼时子抱着投海自尽。

此战改变了日本历史，从此，由来已久的在公卿
主导下的贵族政治，被以武士集团为背景的武家政治
取而代之，日本开始了幕府时代。

下关市的赤间神宫里保存着最珍贵的长门版《平
家物语》的手抄本，它在一九四五年的美军大空袭中，
奇迹般地幸免于一场大火灾。除了被定为国宝级的

赤间神宫内

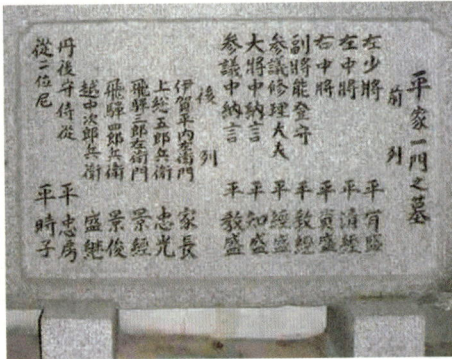

七盛冢

有形文化遗产长门版《平家物语》之外，赤间神宫还供养着安德天皇陵墓和平家的"七盛冢"。正因为此，赤间神宫成了下关市神格最高、最具知名度的宗教圣地。

## 阿弥陀寺

前临关门海峡，背依红石山的赤间神宫，前身叫作阿弥陀寺，相传寺庙建于贞观元年（公元859年），开基者为行脚僧人行教。安德天皇投水自尽，尸体被打捞上来，埋在阿弥陀寺内。时隔六年后，大权在握的镰仓幕府将军源濑朝答应朝廷的请求，在阿弥陀寺内为安德天皇修建御影堂，从此，对这位日本第八十一代小天皇的供养和祭祀活动一直延续到今天。

明治维新以后，朝廷曾颁布过"排佛弃释"的大令，阿弥陀寺最后一任，也就是第五十代方丈瑞泉法印大和尚奉命还俗。明治八年（1875年）十月七日，阿弥陀寺被天皇敕定为赤间宫，位列官币中社（享受朝廷拨款的中等神社）。昭和十五年（1940年）八月一日，因为此地供养了西日本唯一一座皇陵，昭和天皇敕定社名为赤间神宫，升神格为官币大社。

赤间神宫初代大宫司是下关的名流白石正一郎。此翁在日本明治维新史上是一个了不起的大人物，他的《白石正一郎日记》从安政四年（1857年）一直写到明治十一年（1878年），除了白石家发生的事情，里面对幕末的维新志士的活动也有非常翔实的记录。

白石正一郎最初的身份是清末藩毛利家的御用商人，在下关竹崎町经营货物批发和海上运输业务，历经数十年，成为一代豪商。坂本龙马、西乡隆盛、三条实美、中山忠光都曾是他家的座上宾，受他们的影响，卑微的商人身份的白石也开始热衷于尊皇攘夷的政治运动。他在五十二岁的时候，结识了年仅二十五岁的高杉晋作，两人一见如故，成为至交。高杉晋作组建奇兵队，以及功山寺举义，背后的支援者就是白石正一郎，这位富商倾尽家财不惜一切，帮助高杉晋作开展攘夷和讨幕维新运动。及至维新成功，当年的维新志士如井上馨、伊藤博文、桂小五郎等青年摇身一变，成了国之重臣，一身荣光。可是，白石正一郎却不邀功不争名，默默无闻地隐居在赤间神宫的舍内修身养性，潜心研究国学。明治十三年（1880年），一贫如洗的白石正一郎大宫司在故乡下关悄然死去，享年六十九岁。

赤间神宫正殿左侧，有一座石塔，塔后一条羊肠小道，夏天，道旁开满血红的曼殊沙华。沿着小道逶迤而上可达红石山顶，山顶一处空地被一圈竹篱笆围着，篱笆内竖着一块花岗岩的墓碑，此处乃勤皇豪商白石正一郎永眠之地。

## 水天门

白石正一郎墓

昭和二十年（1945年）六七月间，下关两次遭受美军空袭，赤间神宫被炸成一片废墟，此后历时二十年，于一九六五年才修复完工。其间，战后第一任大宫司水野久直先生居功至伟。一说到这位大宫司，就绕不开大连神社了。神宫本殿右侧转过镇守八幡宫，有一挂石阶，两旁尽是繁茂的樱花树，沿石阶而上，看到一个不大的鸟居，悬一块匾额，上书"神佛无偏"四个字，圆润饱满、张弛有度。

穿过鸟居，再往上走一段台阶，看见一座幽静而小巧的社殿，殿前的匾额写有社名："大连神社"。

其实这里只不过是一处纪念版的大连神社，真正的大连神社留在遥远的大连，如同伪满洲国一样早已不复存在了。水野家族历代都是神职人员，明治三十七年（1904年）水野家的一支渡海，经由朝鲜半岛去大连布出云大社教，并于明治四十三年（1910年）在大连建成神社。昭和九年（1934年）水野久直先生在二十七岁时就任大连神社社司，经过不断修建完善，到昭和十一年（1936年），大连神社已经成为"满洲国"规模最大、知名度最高的日本神社。一九四五年日本战败投降以后，大连神社成了日本侨民的临时避难所，社司水野久直先生为了保护难民，多次遭到苏联士兵的殴打，甚至两次被捕入狱。无奈之下，他想办法以神社所藏古董贿赂苏军指挥官，并且在神社内举行古乐器演奏和

大连神社主殿

日本舞蹈表演，取悦苏军，使很多良家妇女免遭欺凌蹂躏。日本战败的第二年，水野久直社司散尽家财，只怀抱神灵牌位和社匾返回日本。昭和二十三年（1948年）一月三十一日，水野久

赤间神宫（水天门）夜景

直先生就任赤间神宫宫司，立即着手神宫的重建工
作。到一九五八年四月七日，昭和天皇、皇后来下
关巡幸的时候，内外拜殿、回廊、水天门、神馔所、
宝物馆都已经竣工。

　　红白相间的水天门，雄伟、庄严、典雅、高贵，
俨然成了下关市最有代表性的观光建筑。它是水野久
直宫司为了纪念安德天皇而特意设计的，看到它，人
们可以联想起当年的安德小天皇，设想他投水之后被
引接到一座海底龙宫里。

　　给水天门命名的人，据说是日本著名的思想家、
社会活动家德富苏峰，苏峰说：“安德天皇玉体入水，
御灵升天，此门可呼为水天门。”

### 无耳芳一

安德天皇陵寝后方，红石山山根的一块逼仄的空地上，密集地竖立着一片简陋的青石板墓碑和几座低矮的五轮塔，碑上和塔上长着稀疏的青苔。此处便是祭祀平家一门的"七盛冢"。所谓七盛，说的是平家一族中名字里带盛字的男人一共有七个，分别是：平资盛、平清盛、平经盛、平知盛、平教盛、平有盛和平盛继。

七盛冢一侧，建了一处不大的佛堂，堂檐镶嵌着一块木匾，题字"芳一堂"。作家小泉八云在《怪谈》里讲述了一个有关无耳芳一的故事：

大约几百年前的赤间关，住着位名叫芳一的盲人，以其精湛的琵琶弹词技艺而闻名远近。据传他自幼起便开始习练琴艺，尚年轻时，造诣已远在几位师尊之上。芳一作为琵琶说书艺人立身扬名，尤其以讲述源平物语最为拿手。人道是：吟唱起《坛之浦合战》一节时，芳一的弹奏简直已臻"惊天地泣鬼神"的化境。

无耳芳一

当初立意要跻身为一名弹词艺人时，芳一曾饱受贫寒之苦。然而，幸得善人接济，蒙受了不少恩惠。阿弥陀寺的和尚素喜诗曲管弦，时常将芳一邀进寺里，请他奏起琵琶，唱一阕《平家物语》。和尚深为这位年轻后生的卓绝技艺所折服，不久便力劝芳一搬入寺中同住。芳一心怀感激地接受了这份邀请，于寺院内得一间小屋栖身，三餐起居皆有了照应。作为酬答，则在未有冗务烦扰时，通常是黄昏时分，抚起琵琶，为和尚敬献一曲，聊以开怀。

某个夏日之夜，和尚受邀前去某位往生的施主家中执法事，也带了寺里的小僧同行，只余下芳一独自留守寺中。沤热的夜晚，盲眼的芳一来到卧房前的檐廊下纳凉。檐廊面朝阿弥陀寺背面的一座小小庭院，芳一在那儿等候着和尚们归来，同时挑琴弄弦，聊以排遣寂寥。忽然，后门方向有脚步声由远及近传来。有人横穿过庭院，冲着檐廊笔直走来，在芳一面前停住——却不是和尚和小僧。来者既无寒暄，亦不客气，操着武士呼喝下人的口吻，以一种低沉生冷的嗓音，直唤盲眼琴师的名字道："芳一。"

芳一骇了一跳，一时间不知如何作答才好。如此一来，那声音则以更为严厉的命令语气再次喝道："芳一！"

"是。"盲眼的芳一畏怵于对方口气中的威胁意味，战兢兢应道，"在下眼盲瞧不见，请问是何人唤我？"

"不必担心。"陌生的来者换了稍微平和的语调，"我就落宿在附近的寺院，此番受我家主公差遣，来此传话于你。我所侍奉的家主，乃是家世身份无比高贵显赫之人，此刻正与多位嘉宾一同逗留于赤间关，因想要参观坛之浦合战的古战场，今日特意走访了那里。家主听闻你是弹唱《坛之浦合战》的名手，起兴定要请你前去唱上一曲。此刻大人并随众们已齐聚于下榻的宅邸等候多时，如此，你即刻拿上琵琶随我走一趟。"

那个年代，庶民百姓对于武士的命令，是绝不可轻忽怠慢的。芳一赶忙换上木屐，取了琵琶，随同那位武士动了身。武士在前方熟练地为芳一带路，芳一则勉力加快步伐紧跟其后。牵着他的那只手冷硬如铁，武士大步流星，每一迈步便发出金属碰击的铿锵之声，一听便知身上披挂着甲胄——肯定是哪个贵族官宦人家的守护警卫。芳一最初的疑惧逐渐消散，内心甚至暗自窃喜，以为这次不知要交什么好运。他心忖：既然武士曾说"家主是位身份高贵显赫之人"，那么期待听自己弹唱的这位大人，官阶至少该在一品的大名之上。不多时，武士停下了脚步，芳一察觉自己置身于一座大门之前。除阿弥陀寺的山门外，很难想象下关町内还有如此巨大的宅门存在。芳一正自惶惑，却听武士叫了声："开门！"

话音方落，便响起了门闸抽动时吱吱嘎嘎的动静。二人进得大门，穿过广阔的庭院，又在另一处入口前站定。只听武士扬声唤道："来人啊！我已将琴师芳一带到！"

门内传来急促的脚步声，接着是拉动隔幛、纸门的声音，绞起木板雨窗的声音，女人们交头接耳、窃窃私语的声音……据她们的言谈措辞，芳一判断：这必是一群在高官府邸中侍奉司职的女侍。尽管如此，对于自己究竟置身何处，却是完全摸不着头脑。也未容他细想，便给人牵着手连登了几级台阶。来到最后一级时，被吩咐脱去木屐，又给人引领着，脚踩经侍女之手擦洗打磨后滑不留足的木板地，走过一段漫长似无尽头的长廊。也记不清到底绕了几个柱廊转角，横穿过几间敞阔到令人心下暗惊的榻榻米厅堂，终于来到一座极其宽广的大殿之上。芳一心下知晓：此时这殿宇内，已是达官云集，贵人满座。只闻衣履窸窣，如林中万叶飒飒飘落；耳边四下，一众人皆压低嗓音轻言慎语，所用的也尽是文雅郑重的官话。

有侍官嘱他落座，一块蒲团早已为他设好。芳一坐下来，方将乐器调弦校音，一位听口气像是平时统领和监管女侍的老妇向他传令道："请将那平家之曲弹唱起来吧！"

芳一心说：要把整首平家之曲统统唱完，须得好几个晚上。索性便斗胆问道："全曲少时片刻恐难唱完，恭问当为在座大人们敬献哪一节为是？"

老妇答："听说那《坛之浦合战》一节最是让人悲思断肠，就将这段书唱与诸位听听吧。"

芳一领命便挑动琴弦，放开喉咙，从最激越的那段海战唱了起来。一时间，琴声嘈嘈切切错杂弹，铮琮急鸣动霄汉。如百舸争流，千舰齐发，如箭矢嗖嗖，擦破长空，如武士奋起，撕心怒吼；如铁鞋踏击船板的蹬音，如钢刀刺破兜鍪的溃裂，更犹如刀剑劈杀下阵亡将士们身躯轰然坠海的绝响……喘息的间歇，芳一只闻身边左右纷纷赞叹：

"这琴艺，端的是炉火纯青，出神入化！"

"在我家乡可从来听不到如此好曲！"

"岂止！这般天籁，人间又哪得几回闻！纵是打着灯笼找遍天下，怕也无出芳一琴师之右者！"

闻言，芳一更是浑身解数如花锦，比以往卖力百倍地唱奏起来。赞叹之声渐次寥落，周遭复又归于静默。然而，待他唱到平家那些与世无争的弱质女子、如花美眷，无奈却红颜薄命——不仅众嫔妃宫娥尽皆赴死，且连武将平清盛的继室，被封为二位尼的平时子亦怀抱着幼帝投海自尽——情状之惨烈，使得座中诸客齐齐发出怆然长叹，且悲痛如狂地大声号泣起来。置身此情此景之中，就连盲琴师芳一本人，亦不禁被自己琴声带来的这份凄厉哀绝震慑到战栗不已。众人呜咽着，啜泣着，久久不能歇止。

终于，悲叹之声逐渐消散，继而在一片沉默当中，又听方才那老妇的声音再度响起："早已闻悉弹唱《平家物语》的琴师当中，你是首屈一指的名手。不想今晚的演奏，更教人叹为观止。我家主人交代要重重赏你。不过大人希望自今晚起，连续六日，每晚一次听你的弹奏，之后便将起驾回程。因此，明晚你须与今晚同一时刻前来。方才去接你的武士，届时仍会上门叨扰……此外，另有一事不得不预先叮嘱与你：我家大人此刻逗留赤间关，你今夜来访之事，万不可向他人提及。大人此番巡游甚为机密，与此有关的闲言碎语一概可免则免……好了，你且回寺去吧。"

芳一毕恭毕敬告退之后，便被侍女牵着手带往馆邸玄关前。方才迎接自己的武士已在那里等候，将芳一领到阿弥陀寺背后的门廊上，遂告辞而去。

芳一回到寺内已是天光熹微。离去一夜，却也无人察觉。和尚深夜方归，以为芳一早已睡下。白天芳一关于这件匪夷所思的奇事，并未向任何人言及。翌日子夜一至，那武士便又来迎接，再次将他带往那处达官显贵云集的府邸。于是，芳一再次博得了与前夜相同的喝彩。谁知，清早返寺时，却被和尚唤了去。和尚口气柔和地噴问道："芳一，这两日贫僧我为你甚是担心。你双眼不能视物，却深夜独自外出，着实凶险。为何不与人知会一声便出门去呢？若打个招呼，贫僧也好派名仆从跟随左右。你究竟是往何处去了？"

芳一支吾其词："还望大师见谅，鄙人因有些私事，其他时候皆不方便办，这才深夜外出。"

见他讳莫如深，闭口不愿多谈，和尚与其说生气，不如说更为诧露，感到芳一态度中流露出一种不甚自然的隐瞒，恐是出了什么不好的事，心道："这个盲眼年轻人，莫非是遭什么恶灵附体，把魂给收了去？"却也未再追问，只私下吩咐寺内当差的仆役们，暗中留意芳一的举动，命他们一旦发现他又在深夜悄悄出寺，便尾随其后探个究竟。

　　果不其然，是夜芳一正欲偷溜出寺，就给仆役们瞧见了，仆役们即刻提起灯笼，不声不响随他出了门。谁知当晚天雨，四下漆黑，待仆役们来到街上时，早已不见了芳一踪影，显然是芳一步履如飞，走得极快。但考虑到他一个盲人，再加月黑路滑，这事怎么琢磨都不免诡异。仆役们焦急地在街上四处寻找，将芳一可能去往的人家挨门挨户问了个遍，却无一人知晓他的下落。终于兜了个大圈，从海边又转回寺院，却听自阿弥陀寺墓园的方向，隐隐传来阵阵激越的琴声。这一带每逢暗夜，总有鬼火四下飞蹿，除去那点微弱的光亮，则漆黑不见五指。仆役们不由心惊，急忙提着灯笼奔向墓地，却见雨中芳一正孤身一人端坐在安德天皇的御陵之前，手拨琵琶，大声弹唱着那曲《坛之浦合战》。并且身后左右，甚至层层墓碑之上，不计其数的鬼火团团簇簇，如蜡似炬。估计世上尚不曾有人目睹过如此骇人的景象。

　　"芳一！芳一！"众人唤道，"你让鬼迷了心窍了……芳一！"

然而盲眼的芳一却犹似不闻，依旧痴迷地拨弄着琴弦，将一曲《坛之浦合战》唱得益发如癫似狂。仆役们上前抓住芳一身子，朝他耳边大喊："芳一！芳一！速速同我们回寺去吧！"

他却以叱责口吻厉声道："如此高贵郑重的场合，尔等竟胆敢打扰诸位宾客的雅兴，会被治罪的！"

此言一出，饶是当时情状诡异，仆役们仍是憋不住，扑哧笑出了声。可见芳一果真是鬼魂缠身，确定无疑。众人不由分说，赶忙合力连拖带拽将他弄回了寺去。一到寺里，和尚吩咐芳一速速褪去被雨水淋湿的衣物，待更衣完毕，又强喂他用过热茶餐饭，便命他从头至尾，细细禀来：方才究竟发生了什么，为何如此一副失魂落魄的模样。

芳一踟蹰再三，迟迟不愿开口。然而觉悟到自己所作所为，确实让好心的和尚担惊受怕，甚至惹得他心头不悦，实在无法再继续隐瞒，便从武士初次造访时起，一五一十将所遇之事做了禀告。

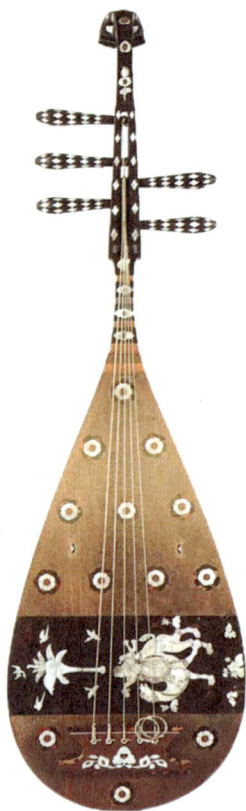

正仓院所藏唐代琵琶

听罢，和尚开口道："芳一，罪过啊罪过，你此刻处境十分凶险。没有早些告知贫僧实在太过糊涂。皆因你有天赋之才，方招致如此意外的祸端。事到如今，想必你本人也很明白，你不是去什么贵人府邸说书，而是每晚到平家墓地去对碑弹琴直到天亮。今晚寺里的仆役们找到你时，你正淋着大雨，呆坐在安德天皇的坟前。暂不提你信以为真的那些事，其实是死去的鬼魂在招你迷你。所有发生过的一切，统统不过是幻觉。最凶险的是，一旦你听从了鬼魂的差遣，就已落入他们掌控之中。下次若再任由其指使，则必会遭八裂之刑，身首异处。总之无论如何，或早或晚，都会有杀身之祸……今晚贫僧还有不得不出席主持的法事，无法留下来陪你。不过出门之前，贫僧会把一段经文写在你身上，它可辟邪，免你遭害。"

　　赶在日头西下之前，和尚与小僧将芳一脱得一丝不挂，提起毛笔在他胸前、后背、脸、头、手、足，以及足底，浑身上下每一处都写满了《般若波罗蜜多心经》。事毕之后，和尚叮嘱道："今晚贫僧出门以后，你且去后门廊下，安安静静坐那儿等着。不管是何人唤你，或发生何事，都不要开口应答，也千万不许动弹，什么都别讲，就一副沉思默想的样子一动不动坐在那儿。若是动了，或是发出一丝声响，身子就会被撕得四分五裂。你也绝不可惊慌失措，喊人救命。就是喊了，也任谁都救不了你。但你只要能谨遵贫僧吩咐去做，便不会发生任何危险，并且这事也便到此为止，今后再也无须担惊受怕。"

太阳落山，和尚与小僧出了门。芳一遵照和尚所言，在檐廊边坐下，将琵琶放在身侧地板上，取了个打坐禅定的姿势，静静不动，留心着不敢咳嗽，或是喘气声过于粗重，就这样直坐了几个时辰。

而后，便听到有脚步声沿着甬路向这边走来，进了寺门，穿过庭院，来到廊下，在芳一面前停住。

"芳一。"来者低声唤道。

芳一屏住呼吸，纹丝不动地端坐着。

"芳一。"那人又唤，声音中透着几分不悦，接着，再一次愠怒暴躁地大叫道，"芳一！"

芳一依旧不语，沉默犹如冥石。便听那声音兀自嘟囔道："不应声？这便麻烦了……非得把这家伙找出来不可！"

沉重的足音踏上了檐廊，缓缓向芳一趋近，在他身旁站定，接着，是一段漫长如死的寂静。

忽而，却听那嗓音在芳一耳边粗声粗气嘀咕道："琵琶明明在这儿放着，怎么就只看见琴师的俩耳朵呢……原来如此，怪不得不作声，就是想答应也没有嘴啊，芳一这人现在就剩两只耳朵了……也罢，就当是我已奉命行事的证据，将这两只耳朵带回去给主公交差罢了。"

话音方落，芳一左右两耳便被铁手攥住，他感到一阵撕裂的剧痛。尽管痛得死去活来，却依旧一言不敢发，直到听着那沉重的足音沿檐廊离去，下到院中，走至寺外的大路，再也听不见为止。盲眼芳一只觉两行浓稠的温热，顺着脸颊流淌下来，却连抬手拂拭的气力也没有了……

天未亮时，和尚回到寺中，急忙上后院找芳一，却在廊下踩了一脚黏糊糊的东西，滑倒在地，待明白过来手里的灯笼上面粘的原来是人血，不由吓得大叫起来。同时，却见芳一仍在原地，保持着僵硬不动的坐姿，血自伤口处不断滴落。

"啊，芳一！罪过罪过……"和尚颤声道，"究竟怎么一回事？你受伤了么？"

听到和尚的声音，芳一心知总算得救了，不由"哇"的一声号啕起来，边哭边说，向和尚倾诉了昨夜的经过。

"芳一，真是劫数啊……"和尚叹道："实在对不住你，都怪贫僧，是贫僧不察……本打算将你浑身上下无一遗漏全部写满经文，谁知偏偏漏掉了耳朵。原是交代给了小僧的，便未曾仔细查看，一切全是贫僧的过错……事已至此，回天无力，唯有尽早疗伤要紧……你且打起精神，从今往后再不会身陷如此险境了，再不会有鬼魂前来纠缠于你了。"

经良医悉心疗治，芳一的伤势不日好转。而这场奇诡的遭遇，立刻传遍了四面八方。芳一的名字，也变得无人不知、无人不晓。

（以上文字转述自：上海译文版《怪谈·奇谭》，有改动，翻译：匡匡。）

## 上臈参拜

源平交战，经过了一之谷之战、屋岛之战，平家军节节失利，一路向西撤退。坛之浦合战是最后一役，平知盛率领的部队被彻底歼灭，关门海峡成了平家一门的终焉之地。

有意思的是，日本人并不为胜利者欢呼，反倒是替失败者悲伤，下关之地无一处为源氏歌功颂德的纪念碑，却把怀念平家亡灵的活动延续了八百多年。每年春天举行的"上臈参拜"，即是其中最为隆重、庄严的一项祭祀活动。

　　每年四月的二十三日至二十五日，赤间神宫都要举行一次以追悼安德天皇投水自尽为主题的祭祀活动，名为"先帝祭"。先帝祭的起源，是后白河法皇为安德幼帝招魂而举行的一次法会，名为"先帝会"，此后这种法会年年都在阿弥陀寺举行，明治维新之后，阿弥陀寺改宗为赤间神宫，先帝会改称为"先帝祭"。

　　坛之浦合战之后，死里逃生活下来的宫女和女官们，流落民间，有的出家为尼，有的嫁给本地百姓，有的沦落为娼妇……这些忠心耿耿的京城里的女人们，每年到了安德天皇的祭日这一天，都要精心梳妆打扮，穿上最华丽的和服，用她们尊贵的宫廷行走仪式"八文字步"，庄严地走过市街，走向赤间神宫去参拜。

先帝祭仪式

先帝祭仪式

上臈，是古代宫廷中职务和地位最高的女官。从江户时代开始，在下关本地，比如丰前田町、唐户后街等花街柳巷里，从事卖淫的娼妓们，还都自称为"上臈"，或者"平家宫女"，直到昭和三十三年（1958年）买春禁止法实施。

作为一种独特的传统文化秀，上臈参拜的仪式一直被完好地保留下来，吸引着四面八方的观光客。

平曲、平家冢、平家一杯水、平家蟹、平家舟……在下关，关于平家的传说数不胜数。清水唯夫先生写过一篇文章《败者的美学》，他说，平家的悲剧，符合日本人的审美。因为日本艺术的基本特质就是——"物哀"。

## 水野直房先生

看官，如果您去赤间神宫参观，我建议您去拜会一下那里的名誉大宫司水野直房先生，说不定在庭院里就能遇到他：他一向穿着神道氏子的服饰，头发雪白、面色红润，总是笑眯眯的一副和善面孔。他会说中国话，而且是地道的大连口音。

赤间神宫的功臣水野久直大宫司隐退后，继任者是他的儿子水野直房，水野直房先生一九三四年出生在大连，一九四七年三月，随大连神社社司的父亲举家迁回日本。中国，有水野先生十三年的人生记忆，大连成了他的第二故乡。水野先生毕业于日本国学院大学，精通音律、古文、历史、神道，对中国文化也有着独特的喜好，喜欢陶渊明和苏东坡，当然也喜欢吃中国的馒头、饺子，喝茶喜欢喝茉莉花茶。他无数次到中国访问和交流，为中日友好做了很多事。赤间神宫的院子里有一对花岗岩的石狮子，那是为了怀旧，水野先生特意从大连购买回来。

## 春帆楼

河豚是下关的名物，在下关，最有名气也是厨艺最好的河豚料理店，就是春帆楼。但是春帆楼名满天下却并不是因为河豚。众所周知，终结中日甲午之战的《马关条约》，就是在这家伊藤博文最爱光顾的日式料亭里签署的。这里是北洋大臣李鸿章的伤心之地，也是当年无数中国志士的洒泪之处。

一八九九年，康有为从美洲回国，途径关门海峡，留诗《过马关》：

碧海沉沉岛屿环，

万家灯火夹青山。

有人遥指旌旗处，

千古伤心过马关。

春帆楼牌匾

一九〇五年，吴保初东游日本，途经关门海峡时，赋诗《乙巳游日本绝句》：

万顷云涛立海滩，

天风浩荡白鸥闲。

舟人哪识伤心地，

为指前程是马关。

一九一一年三月，梁启超应邀去台湾讲学。三月二十四日，梁启超搭乘的日本轮船"笠户丸"夜泊下关海峡，他也留诗一首《马关夜泊》：

明知此是伤心地，

亦到维舟首重回。

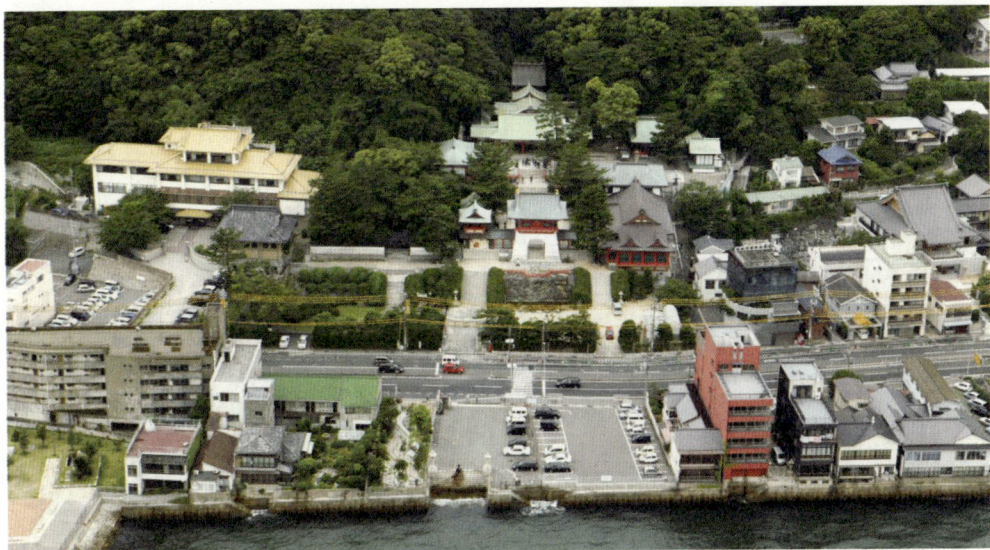

春帆楼鸟瞰

朋知此恳伤心地 无到维舟首重回 七年中多少事 春帆楼下暮涛哀

壬戌秋九月客馆道马关感作

启超

十七年中多少事，

春帆楼下暮涛哀。

一九五五年，郭沫若访问日本，曾住过春帆楼。
现在春帆楼三楼走廊上有郭诗人的一首七言绝句《访
日杂咏·宿春帆楼》：

六十年间天地改，

朝来独上春帆楼。

海山云雾犹深锁，

泯却无边恩与仇。

日清讲和纪念馆内外

雾锁关门

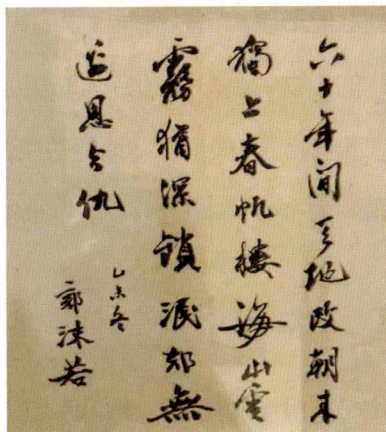

六十年间天地改朝末
犹上春帆楼海山云
雾犹深锁泯却无
追恩念仇
乙未冬
郭沫若

春帆楼珍藏：郭沫若书法

"海山云雾犹深锁"一句，让我想到在春帆楼一侧"日清讲和纪念馆"里，悬挂着全权大臣李鸿章的一幅书法作品，写着："海岳烟霞"。夹在本州岛与九州岛之间的关门海峡上，的确有烟霞，也有云雾，不过，那是难得一见的美景。我的摄影师朋友渡边久德先生，历时多年终于从火之山山顶上拍到雾锁关门的绝景。

## 春帆楼下

河豚不如想象的味美。它被切成透明的薄片，环状排列在盘中，伴葱与芥辣入口，像是嚼着清脆的鱼皮。它也随豆腐煮在汤锅中，入口与其他鱼类并无不同。据说它美味的部分是精巢，我缺乏尝试的欲望。当剧毒的可能性被排除后，它的诱惑也随之下降。

在下关，到处是河豚的形象。它是料理店里的鱼片，是唐户市场摊位上的活物，是神宫庭院、海边大道上的雕像……它们都胖嘟嘟的，像是拼命地憋着气，周身洋溢着因笨拙而带来的可爱，毫不担心自己即将死于刀下的命运。

下关的河豚，就像是阳澄湖的螃蟹，在菜谱上占据着显著的位置。一些时候，渔民还把别处的河豚放养于下关海峡，以使之获得下关河豚的身份。

春帆楼前，也有一个巨大的河豚青铜像，在夜晚灯光照耀下，发着幽蓝之光。这是下关也是全日本第一家河豚料理店。据说丰臣秀吉的河豚禁食令

河豚料理

河豚料理

持续了 200 多年，直到明治二十一年（1888 年）春
帆楼营业。

李鸿章喜欢河豚的滋味吗？他有心情品尝吗？
1895 年 3 月 19 日至 4 月 17 日，他与清政府代表团住
在下关（当时仍叫马关），与伊藤博文、陆奥宗光（他
们分别是日本首相与外相）进行了五次艰苦又屈辱的
谈判，最终签署了《马关条约》。清王朝不仅丢失了
对朝鲜的宗主国地位，还割让了台湾与辽东半岛，赔

偿日本 2 亿两白银……

　　这是中国近代史真正的转折点。比起 1842 年《南京条约》以来的一连串的条约，唯有这一次彻底震惊了中国。这不仅因为条约的苛刻程度，也是缘于战胜者不是西方人，而是从来被看不起的"倭人"。贯穿近代中国的"失败叙事"与"屈辱叙事"也因此而起，"危机意识"更是四处弥漫，它让中国醒来，却也使国人陷入一种越来越急迫的焦虑之中。

　　对于日本来说，这个条约既是对"明治维新"路径的确认，也为接下来的全球角色做了准备。它不仅如福泽谕吉 10 年前所期待的"脱亚入欧"，巨额的赔款也加速了它的现代化进程，10 年后因战胜俄国，进入西方列强的俱乐部。这也是有毒的胜利。《马关条约》也像是日本历史中的河豚，它的诱惑与危险同样显著。日本在这条扩张之路上失去控制，最终以 1945 年的两颗原子弹收场。其中一颗在广岛，它正是甲午战争的日军指挥部，明治天皇与伊藤博文都坐镇于此。

我在春帆楼前发呆。除去河豚的铜像，还有伊藤博文、陆奥宗光的雕像和伊东巳代治书写的碑文。他是当时的书记官，烟台的换约也是由他与伍廷芳进行的。他的碑文写于1923年，行文用典雅的汉文，其中一句"今日国威之隆，滥觞于甲午之役"，正是对这一条约最佳的注解。这也是不无感伤的碑文，他眼见自己的引导者一个个离去——陆奥宗光在1897年就已病逝，伊藤博文则于1910年在哈尔滨被朝鲜青年安重根刺杀。

步入春帆楼，服务员客气却冷漠，我甚至找不到一杯清酒或热茶喝。旧春帆楼早在1945年的盟军轰炸中灰飞烟灭，取而代之的是三层水泥建筑。不过，它仍是闻名遐迩的河豚料理店，也兼旅馆经营。在这样的旺季，你很难订到位置。

在旅馆的墙壁上，我看到山县有朋、犬养毅的题字，一手漂亮的好字。他们皆是伊藤博文的同代人，彼此争吵不休，但却分享着建立一个强大的现代日本的使命感……

哪里是李鸿章的遇刺处？

　　从春帆楼出发，我沿那条山腰上的李鸿章小道散步，然后下山，拐入引接寺。正是夕阳时分，狭长的海峡金光闪闪，对面庞然的九州岛，朦朦胧胧。如果两岸再多些密集的高楼，它就有了一点维多利亚港的味道。

　　马关没有香港的能量与运气。它在 19 世纪末获得了短暂的历史重要性——试图驱赶欧洲人的日本武士在此战败，然后又在面对中国时获得了成功。但此刻的这个港口小城，懒散、诗意，似乎容不下这么多故事。自从 1903 年，它从马关更名为下关后，似乎也就丧失了历史的重要性。

　　沿台阶而下，就是引接寺，紫色的帷幕在寺庙入口分外显著。这寺庙建于 1560 年，也曾是朝鲜使节的居所。在谈判期间，李鸿章下榻于此。他每日在春帆楼与引接寺间穿梭。

　　"3 月 24 日下午 4 时 15 分，李鸿章结束谈判后乘轿返回引接寺。4 时 30 分，途径外滨町邮便电信局前，将至江村（仁太郎）杂货店。这江村店再向北拐，前行约 50 公尺，就是引接寺的门口了。……当轿子从人群中穿过时，忽有一暴徒排群而出，直至轿前，手按轿夫肩膀，趁轿夫惊讶停进之际，对李鸿章开枪。"在权威的《甲午战争史》中，历史学家戚其章这样描述遇刺的一幕。

这暴徒是时年 26 岁的小山丰太郎。短期内，刺杀没有改变历史进程。根据中国历史学家吉辰在最近的《昂贵的和平——中日马关议和研究》中的分析，中方完全没有把握这一意外，将之转化成谈判桌上的筹码。但长期来看，倘若没有这射入眼窝下的子弹，李鸿章或许会活得更久，作为不多的几根支柱之一，减缓清王朝的瓦解。

也是在这本书的附录中，我读到小山丰太郎的回忆文章《旧梦谭》。在行刺失败后，法官顶住了来自伊藤博文的压力，没有判处小山死刑，而是处以终身监禁。他被押解到北海道服役，两年后因大赦减刑，1907 年假释出狱。31 年后，他应《日本与日本人》杂志之邀，写下了他的回忆，此时距离刺杀已 43 年。另一场中日战争已经爆发，整个日本再次处于狂热之中。

这回忆或许不完全可靠，但作为一个再典型不过的历史关键时刻的小人物，他所提到的细节与情绪，却是理解当时日本内在矛盾性的有趣例证。

李鸿章（时年七十二岁）

日本的"明治维新"与中国的"自强运动"常被视作历史的两条平行线。中国知识分子尽管早已习惯将"明治维新"来比照中国的近代化运动，惊羡日本之成功，哀叹中国之挫败，却又对对方的历史仍保持着惊人的无知：以为似乎真的存在着一个确切时刻，譬如 1868 年明治天皇颁布了五条誓文，日本就随之一变，而丝毫不感兴趣于其中复杂、剧烈的冲突。不管是最上层的伊藤博文还是普通人小山，都被卷入其中，他们被一个迅速变化的世界弄得眼花缭乱、疲惫不堪。

自 1873 年开始居住在日本的张伯伦（Basil Hall Chamberlain）在 1891 年写道："一个人若活过近代日本之过渡阶段，他会有一种与别不同的老迈感，

伊藤博文（时年五十四岁）

因为他目前完全活在一个现代世界，上下周围尽是谈论着脚踏车、杆状菌及'势力范围'等现代事物，但其脑海里仍可以清晰记得中古时期的事情。那些可爱的老武士曾引领我入日本语的神秘领域中，当时梳的是辫子，身上带着两把利剑。这些封建遗风现在已沉睡在涅槃中。老武士的现代继承人，现在可以说流利的英语，日常穿着高领绅士服，看上去与欧洲人无大不同，所差者只不过是日本人游移不定的眼光与稀疏不密的胡子，旧东西好像在一夜之间便消失得无影无踪。"

出生于1869年的小山正是处于这种撕裂中，他是那个动荡时代的游民。在决定行刺前，小山丰太郎回到大北岛的家，祭拜了亡母，与父亲道别，在妹妹送他出门时，雪正下个不停，他想起了佐野竹之介的《出乡作》："决然去国向天涯，生别又兼死别时。弟妹不直阿兄志，殷勤曳袖问归期。"

这首诗作于1860年，是水户藩的佐野决意刺杀幕府的大佬井伊直弼前的内心表达。对于这些维新志士而言，推翻幕府统治，是拯救日本的首要方式。这首诗也收于《慷慨诗歌》中，这本溢满志士们的勇气与决绝的诗集，感动了几代日本人，也是驱动了这个国家迅速现代化的重要力量。强烈的情感也总蕴含着危险，它令人陷入褊狭。即使在明治维新后，暴力也层出不穷，一些参与倒幕的志士们对于正在形成的现代社会秩序深感不安。他们发动起义、暴动、刺杀，都深信所谓勇气与理想不可妥协。

当小山成年时，日本已没有要推翻的政权，全面向西方学习也令"攘夷"成为过去。中国却可能是新的目标。对于中国，日本陷入某种尼采所说的"怨羡之情"中——因为曾深受它的影响，反而用加倍的愤怒回报。面对扑面而来的西方的军事、文化、人种的影响，日本急于摆脱和东方尤其是中国的关系。生活在 19 世纪末的社会达尔文主义的思潮中，日本也有一种难以遏制的领土扩张欲，它要模仿西方的帝国作风，攫取更多的土地、资源，而中国长久以来在东亚创造的政治秩序，就变成了巨大的阻碍。

中日战争就成了这种情绪的突破口。一开始，日本公众并不热情，他们对于能否战胜这样一个庞大的、

下關書

李鸿章道

长久以来占据绝对优势的中国缺乏把握，但当捷报不断传来后，举国陷入了狂欢，这狂欢催化了更大胆的行动。

小山听说李鸿章要前来日本议和时，陷入一种深深的焦虑与愤慨。他的期待是"一路追击中国兵，铁鞭遥遥北指……"，因为"中国人多半似乎有着对世界之大势不介意的大国民神气。视朝鲜为属国，视日本为小国，唯独自夸为世界之大国。"

他头戴鸭舌帽，脚蹬萨摩木屐，身穿白色毛线编的又粗又长的羽织纽，在横滨买五连发手枪，怀揣诗歌集、李鸿章的照片（称其有"故作和善而不无戒备的眼神"）和写下的"毙奸状"，决意去刺杀李鸿章。除去回家道别，他还前往东京最著名的花街芳园，"因为是此生的最后一次，想要找个让自己不留遗憾的美女"……除去对中国的厌恶，他还引用孟子的"何必曰利，亦有仁义而已乎"自我激励。这也是此刻日本的反讽之处，从首相到平民，不管他们多么想摆脱、击败中国，但他们的精神世界仍深受中国的影响。

日后回忆起行刺时看到李鸿章一幕时，他仍会这样写道："比起照片上的形象，眼光更是炯炯射人，的确是伟人的风貌。年龄约有七十，真是老英雄的典范。从眼睛看其人悠扬不迫的态度，不由得佩服这眼睛比照片上还要犀利。真不愧是睥睨东洋的眼睛！"

据说一些日本学者相信，21 世纪的东亚又像是 19 世纪的轮回，当然是 1895 年前的景象。中国急速的现代化就像是自强运动的延续。一直到 1894 年夏天战争打响前，日本都不相信能击败中国，不管是国家规模还是军事配备上，中国都令人生畏。正是对于中国可能迅速崛起的恐惧，让日本的决策者与公众产生新的焦虑，这焦虑导致敌对。

这感受与忧虑在这下午的下关都显得不合时宜吧。这些在海滩边欢笑、忙于自拍的日本人，似乎再难有战争的欲望。日本社会显得那么平和、镇定。反倒是小山，似乎在中国会有新的共鸣。倘若他生活在此刻的中国，一定是那些标榜全球视野、却灌输狭隘偏见之人的热烈追随者吧。

此刻的亚洲又像是 1914 年前的欧洲？当中日关系因为钓鱼岛事件陡然紧张后，世界的评论者都喜欢用这个比喻。在表面的冲突下，是东亚结构性的力量的再度变化。

19 世纪末以来，强日本、弱中国的状态已发生改变，当两个国家都以强者的面目出现时，它们会产

遇刺后李鸿章下榻此地

生怎样的紧张感？两者之间——尤其是中国对于日本——蕴含的高度历史性的愤怒、屈辱（它被不断地生产、再造），该会以怎样的方式排解？

而在这个梁启超的伤心地，我从未遇到在世界各地随处可见的中国游客。他们蜂拥到银座购买化妆品与马桶垫，却似乎完全没有心情与时间来此一游。所谓的"历史愤怒"都常是假装的……

（转引自 FT 中文网，有改动，作者：许知远。）

# 唐户记

在藩政时代，作为北国航路和西海航路的中转站，下关的唐户町、南部町、细江町和入江町一带，店铺林立。我看到过一些大正时代的老照片，涨潮时，唐户湾的潮水一直可以涌入到现在的贵船町附近，船只

旧英国领事馆

秋田商会旧址

能停泊到旧英国领事馆门口，海浪轻易就扑打到龟山
八幡宫的石头台阶上。现在的唐户样貌是后来填海造
地规划出来的。

唐户和唐朝没什么关系，和近代中国也没什么关
系。唐户是一种可以调节水流的闸门，也叫唐柜、唐
樋户。从明治二十七年（1894 年）开始，当时的赤间
关市用两年的时间对唐户湾进行大改造，使得这一带
变成城市的商业中心。除了英国领事馆，唐户周边还
有许多当时建造的颇具欧陆风格的建筑物，比如：秋

旧山口银行大楼

田商会大楼、南部町邮电局大楼、山口银行观音崎别馆、罗丹美容室、劳动金库、旧市厅舍第一别馆等等，大多都是百年以上老建筑，今天依然可以使用。

一九二三年，十九岁的金子美铃从自己的故乡仙崎小镇，沿着风光旖旎的山阴道来到了她心目中的大城市下关。金子工作的地点就在唐户繁华街上，一个叫作商品馆里的小书店，她一边做店员，一边看书、写作、投稿。在下关生活期间，是金子美铃文学创作的黄金时期，她的代表作差不多都是在下关完成的。这位日本最优秀的童谣诗人也是下关市的骄傲，具有怀旧和纪念意义的"金子美铃诗歌小

南部町邮电局营业所

金子美铃小径

田中绢代纪念馆

径",就是当年金子姑娘提着便当盒上下班经常走的那一段路。

我们的改革开放总设计师小平同志,于一九七八年十月访问日本,在东京的一次记者招待会上,他就两国关系回答说:"我们应该向前看,放眼未来,共同努力,使中日两国人民世世代代友好下去。"此后数年,中日关系迎来了难得的"蜜月期"。截止到"70后"的中国人,一定不会忘记日本演员高仓健吧?当然,还有山口百惠、三浦友和、栗原小卷、田中裕子、宇津井健。可是,您知道田中绢代吗?提示一下,在

日本电影《望乡》里面，有一个衰老、穷苦却又心地善良，与一屋子流浪猫生活在一起的阿崎婆，就是她。凭在这部电影中的精湛演技，她获得了一九七五年柏林电影节最佳女演员奖。

一九〇九年十二月二十九日，田中绢代出生于下关市的丸山町。她是日本昭和时代最著名的女电影演员，从十五岁开始演艺生活，到六十七岁病逝，田中绢代一生出演了三百多部电影作品，与黑泽明、沟口健二、木下惠介、山田洋次、市川昆、降旗康男等著名导演都有过合作。

为纪念这位国际级影星田中绢代，下关市政府在南部町专门修建了一处田中绢代纪念馆，日本映画界还以她的名字设立了田中绢代奖，吉永小百合、倍赏千惠子、铃木京香等日本女演员都以获此奖为荣。

### 唐户市场

白天的唐户商业街永远都是繁忙的。旭日还没有从濑户内海上升起的时候，唐户市场里的交易差不多

唐户街金子美铃纪念标志

唐戸市場

唐户鱼市风景

下関書

已经完成了，这个西日本最大的渔产品批发地，从凌晨开始就熙熙攘攘人头攒动，上百家店铺忙碌着把最新鲜的海货批发给南来北往的客户。河豚，是唐户市场的名物，在下关市野生与养殖的河豚销售数量，占到全日本的百分之九十以上。顺便说一下，唐户市场的海货竞拍现场，一直保留着用古老而神秘的"手语"来讨价还价的

千人大锅

唐户市场风景雕塑

唐户步行街上的河豚雕塑

传统：买方和卖方，在外人看不见的袖子里用手指进行最私密的操作：交涉、再交涉，成交。全在两只手娴熟的拿捏之中，一点也不必多费口舌。

　　紧邻唐户市场的餐饮综合设施，日语叫作"カモンワーフ"，在这里可以吃到最新鲜的寿司、海胆、海参、生鱼片和种类繁多的海鲜套餐。一百年来这里繁华依旧，热闹不减，是万国吃货（美食家）们的天堂。你可以去东京大阪目睹日本的现代与前卫，你也可以去京都奈良感受日本的古典与优雅。但是，你只能来到下关，来到唐户，才能吃到日本最新鲜的"撒西米"（生鱼片）。

## 夜色关门

　　唐户的夜色是分外美丽的，富有诗意。

　　一到晚上，这里就安静下来，适合散步。从岬之町开始沿着海峡一侧经过横丁游乐园、海响水族馆一直到唐户栈桥、国际友好都市广场。松木板铺成的海峡散步道路上，保留着白天阳光的余温。请慢慢走，感受海风的轻抚，聆听涛声的细语，当然，还可以欣赏海峡对岸门司港的万家灯火。联通本州与九州的关门大桥，建成于二十世纪七十年代，桥体挂满了霓虹灯，在夜色中更显端庄、浪漫、优雅。

游乐场

居酒屋

下関書

河豚灯笼

水族馆

　　平均每天有七百多艘万国轮船从海峡经过，低沉而悠长的汽笛声不时从海峡里传出，轮船从两岸的灯火中幽幽地穿行而过，如同一个神秘的梦境。如果站在高处，你还会发现，海浪里映着岸上的灯火，海峡仿佛变成一条彩色的丝带，在夜风中律动。

　　夜色中的关门海峡，出现在林芙美子的《放浪记》里，出现在松本清张的《半生记》里，出现在中原中也的诗行里，出现在山头火的俳句里……当然，也出现在无数游客的往事里，出现在浪漫人的梦里。

# 龟山记

古早的时候，龟山只是关门海峡里突兀出来的一个小小岛屿。因为要修建让渔船停泊的唐户湾，町人们决定实施填海造田的工程。工程进行到一多半时，海峡里的急流像一条游龙一样冲进唐户湾里，形成一个巨大的漩涡，填海的土石一次次被冲垮，工程无法进展，大家都犯愁了。

有巫师出来说，填海工程惹怒了海神，需要奉献一个"人柱"到海峡里禳灾。人柱就是把活人当柱子埋到土里，或者投进海里作为"牺牲"。这个古老的祭祀仪式，在中国古代也有过，大家读《西门豹治邺》的故事就能了解个大概。于是人们满城里寻找愿意献身的人柱，可是，哪有啊。就在这时候，一个名叫"卡梅"的年轻女孩主动站出来，要奉献生命去做人柱。卡梅并不是一个漂亮的女孩，因为小时候得了水痘，

八幡宫导游图

长出一脸黑斑。所以卡梅姑娘一直很自卑，走路总是低头。她想，与其自己的容颜被人讥笑，还不如去当人柱，用自己的生命为大家做一件善事，就算死了也可以落个好名声。

果不其然，卡梅姑娘当了人柱之后，唐户湾里的神秘漩涡立即就消失了，填海工程得以顺利进行。为了纪念卡梅姑娘，町人们把那一座小小岛屿命名为卡梅山，并建起一座神社。

"卡梅"，是日语发音，学过日语的小伙伴都知道，它的汉字写为：龟。

龟山和龟山八幡宫与这个传说故事有关系吗？说不清，那就姑妄言之，姑妄听之吧。

## 龟山能

日本自称神之国度，国教为神道教。列岛有四万四千座大小不一的神社。八幡神宫里祭祀的主神是八幡神，即应神天皇。除了主神之外还有应神天皇的母亲神功皇后和"比买神"（就是传说中的邪马台国女王卑弥呼）这三个传奇人物号称：八幡三神。

龟山八幡宫主殿

①大鸟居
②龟山银杏树
③山阳道道标

下关龟山八幡宫是镇守关门海峡的第一大社，在幕府时代，山口县的大内氏和毛利氏等历代领主，都非常崇敬此地，此地号称"长门国第三宫"（第一宫为住吉神社，第二宫为忌宫神社。另一说法是：长门国第三宫为杜屋神社）。昭和八年（1933年）重建的大鸟居是旧山阳道的终点，鸟居右下方立一花岗岩石碑，上刻："山阳道"三个楷书遒劲大字。成立于公元四世纪的大和朝廷，为了交通全国，以京都为中心，向全国呈放射状修建了七条大路，其中距离最长、也最具战略意义的就是山阳道。山阳道最宽处九米，最窄处六米，是贯通朝廷与九州太宰府的交通大动脉，也是将西国的税收，即"庸"和"调"输送到首都的唯一通道。大同二年（807年）朝廷加强了对山阳道的管控，每三十里设一处驿站，沿途共计设有五十一处驿站，每一处驿站配备二十五匹快马。从驿站数目不难算出当时山阳道有多长。（在日本，一里等于三十六町，大约39公里。）

龟山能表演海报

一五九二年四月，丰臣秀吉率领十六万大军入侵
朝鲜，第一次与明朝铁军正面交锋，却以和谈终结战
事。班师回朝之际，毛利藩长府初代藩主毛利秀元在
龟山八幡宫内，用日本传统能乐的高雅歌舞犒劳远征
归来的众将士，此表演后来被称为"龟山能"。日本
的能乐与中国西南地区的傩戏颇有相似之处，也许就
是起源于傩的表演。和傩戏的道具一样，能乐表演也
需要一张假面，称为"能面"，那次著名的能乐表演
之后，毛利秀元将一具老翁能面赠送给了龟山八幡宫，
四百多年来这一具"翁面"一直被完好保存，成了镇
宫之宝。

　　每年十月，龟山八幡宫都要举行一次"龟山能"

表演，表演之前，照例要在神殿前举行"翁面传递"的神圣仪式，再现当年毛利秀元藩主的捐赠场面。

## 太阁苏铁

龟山八幡宫内有一棵巨大的银杏树，被称为"龟银杏"，为的是纪念传说中那位勇敢地做了"人柱"的卡梅姑娘。或许是卡梅姑娘脸上有褐斑，所以龟山八幡宫里这棵银杏的果子也是有褐斑的，此为一怪现象。不知从何时开始，下关城里的町民为了孩子别传染上水痘，都要到这棵银杏树下来祈福。

主殿左侧，在扇冢与针冢之间，有一丛粗大的苏铁树，根干枝叶坚硬如铁，叫作"太阁苏铁"，

丰臣秀吉手植铁树

是当年丰臣秀吉来参拜时手植，太阁是他的雅号。
无论怎么说，丰臣秀吉都是日本历史上的一代枭雄。
他在决定攻打朝鲜之前，曾亲笔给朝鲜的宣宗国王
写过一封信：

"日本丰臣秀吉，谨答朝鲜国王足下。吾邦诸道，
久处分离，废乱纲纪，格阻帝命。秀吉为之愤激，
披坚执锐，西讨东伐，以数年之间，而定六十余国。
秀吉鄙人也，然当其在胎，母梦日入怀，占者曰：'日
光所临，莫不透彻，壮岁必耀武八表。'是故战必胜，
攻必取。今海内既治，民富财足，帝京之盛，前古
无比。夫人之居世，自古不满百岁，安能郁郁久居
此乎？吾欲假道贵国，超越山海，直入于明，使其
四百州尽化我俗，以施王政于亿万斯年，是秀吉宿
志也。凡海外诸藩，役至者皆在所不释。贵国先修
使币，帝甚嘉之。秀吉入明之日，其率士卒，会军营，
以为我前导。"

这位太阁扬言要借道攻取大明，还要和朝鲜并肩
作战。朝鲜国王不从，于是他找到了"叉架"的口实。
这次中日之战，就算打个平手，万历皇帝也没把丰臣

秀吉看在眼里。一五九五年一月，明朝使节沈惟敬东渡日本送去了册封诏书：

"奉天承运皇帝诏曰：圣仁广运，凡天覆地载，莫不尊亲帝命。溥将暨海隅日出，罔不率俾。昔我皇祖，诞育多方。龟纽龙章，远赐扶桑之域；贞珉大篆，荣施镇国之山。嗣以海波之扬，偶致风占之隔。当兹盛际，咨尔丰臣平秀吉，崛起海邦，知尊中国。西驰一介之使，欣慕来同。北叩万里之关，肯求内附。情既坚于恭顺，恩可靳于柔怀。兹特封尔为日该国王，赐之诰命。于戏龙贲芝函，袭冠裳于海表，风行卉服，固藩卫于天朝，尔其念臣职之当修。恪循要束，感皇恩之已渥。无替款诚，祗服纶言，永尊声教。钦哉！"

太阁接到这个诏书，非常郁闷，他要继续和大明朝叫板。一五九七年初，丰臣秀吉集西国主力十六万大军第二次西征朝鲜半岛。可是，战事中途，老天偏不护佑，一五九八年八月十八日，六十二岁的太阁暴病而死，死因是脚气？梅毒？肠炎？抑或暗杀？至今各种传闻不一而足。

住吉神社主殿

下關書

## 一之宫记

　　一之宫指的就是住吉神社，下关最古老也是神格最高的神社，藩封长门国府第一宫。下关的住吉神社与大阪的住吉大社、博多的住吉神社并称为"日本三大住吉"。

参拜净手处

　　据《古事记》记载，下关住吉神社创于日本第十四代天皇仲哀天皇九年（公元 200 年前后），社内的主祭神除了住吉三神（表筒男命、中筒男命、底筒男命）之外，还祭祀应神天皇、武内宿弥命、神功皇后、建御名方命。

日本神道教中，住吉三神分别有一灵四魂：荒魂、和魂、奇魂、幸魂。代表着勇、亲、智、爱四种性格。下关住吉三神是荒魂，延长五年（927年）做成的《延喜式》神明账上，下关住吉神社登记为"住吉坐荒御神社"，最初这里是为海上行船祈求风平浪静、为海上遇难者招魂的地方，后来发展到可求风调雨顺、生意兴隆、学业有成、诸事平安、消灾破厄，据说有求必应颇为灵验。

在日本，几乎所有的神社都是免费让游客参观的，当然也可以自由参拜。参拜之前首先要净手、净口，一般在神社境内都设有净洗处，放着可以舀水的小木勺：舀水，净左手、净右手、净口，净木勺柄，放回原处。然后踩着石阶的"陛下"走到主殿门口，对着神位鞠躬、合掌、拍掌（两拍），再鞠躬，摇动以心传心的"感应铃"，心愿要用心倾诉，口不可喧哗。如果你愿意，不拘多少请把一枚硬币投入殿前的"赛钱箱"里，捐献给神灵，日本人有神国信仰，逢神必拜，必捐钱，这些净财也是众多神社维持日常运营的主要经济来源之一。

下关住吉神社主祭海上交通的荒魂，所以，从镰仓幕府时代的源赖朝开始，历代将军都对此地捐赠金银财物。到了日本的战国时代，一时式微。之后，在大内氏时代开始复兴，毛利氏藩镇下关时，住吉神社空前繁盛。

完好保留下来的住吉神社本殿，始建于应安三年（1370 年），是统治山口地区的豪族大内弘世捐钱修建的，它吸收了平安朝时代神社建筑的典型风格特色，

大内弘世雕像

076～077

殿顶全部用珍贵的桧木树皮层层覆盖，上边五座三角
形的"千鸟破风"，使得屋脊的线条看起来格外优美、
典雅，有迎风飘举的律动感。昭和二十八年（1953年）
住吉神社的本殿被评定为日本国宝级神社建筑。

毛利元就像

本殿前的拜殿是天文八年（1539年），由日本战
国时代的大名毛利元就捐建的。毛利氏灭了大内氏，
统治了山口全域，将住吉神社视为镇守西国海防的重
要神社，封之为第一宫。拜殿的风格与本殿保持了高
度的和谐，屋顶依然用桧木树皮茸覆，以一面山墙为

正门，另一面山墙与本殿垂直连接，两侧各设四根原木柱子，有效分散了屋顶的重压，屋檐和廊柱均涂成"京红"色，是平安朝最有代表性的"春日社造"建筑的延续。

具有一千多年历史的住吉神社有许多镇社之宝。举例如下：

画僧雪舟像

青铜钟。铸造于高丽时代的朝鲜半岛，其来历不明。据传是神功皇后征新罗时带回的战利品，并把它捐赠给住吉神社。钟体高一百四十七厘米，钟顶部雕着精美蟠龙头，钟身刻有惟妙惟肖的飞天仙女图案。击之，钟声浑厚悠扬，发出梵天妙音，可传数里之外；闻之，城中庶民及四围山石花树皆肃穆。

古狩野派作品《刘关张》

绘马图。马有两匹，白马，一匹低头吃草状，一匹昂首聆听状，惟妙惟肖。画作落款"云溪笔"。云溪者何人？著名画僧雪舟之弟子云溪永怡也，天文年间（1532—1554年）山口最活跃的水墨画家。

骏牛图。一头雄壮的黑牛，神色茫然，无缰，自顾信步前行。画师是下关出身的狩野芳崖。此画是元

狩野芳崖作品《墓地仙人》

治元年（1864 年）作为贡品进奉给住吉神社的。元治元年，藩兵在下关的海峡发动了攘夷战争，引来英、美、法、荷兰四国舰队报复，长府藩惨败。这一年，藩内政局激荡，提倡变革的正义派和一贯保守的俗论党之间矛盾激化。在遭受内忧外患、不知何去何从之际，长府藩将此骏牛奉献住吉，祈求荒魂大神赐给勇力，将难局打开。

狩野芳崖文政十一年（1828 年）出生于现在的下关市长府区印内町，原名幸太郎，是长府藩御用画家狩野晴皋之子。芳崖自幼天资聪颖，勤奋好学，最初从其父学画，十八岁时只身前往江户拜师，入木挽町狩野家晴川院雅信之门，被称为胜海雅道，二十七岁时自己改号"芳崖"，与狩野胜玉、桥木雅邦、木村立岳并称为四天王。

狩野芳崖在明治维新的动乱期并不活跃，而是隐居故里，潜心作画。直到明治十七年（1884 年），因参加第二届全国绘画竞赛大会，结识了美国东方美术研究家菲诺罗沙（e. f. fenollosa），又通过菲诺罗沙与日本最著名的美术评论家冈仓天心相识，二人协力推出明治时代新日本画，并合作创设东京美术学校。明治二十一年（1888年），东京美术学校成立，芳崖被聘为日本画科主任教授，然未待开学即告病逝。

狩野芳崖像

狩野芳崖是日本近代最具代表性的画家，也是明治时期日本画家中的"革命者"，有"近代日本绘画之父"的称誉。主要作品有《不动明王像》《仁王图》等。其中，最高水准的画作《悲母观音像》乃临终前不久所画，是在日本传统技法上又导入西洋画法之作品，被誉为国宝，收藏于东京艺术大学博物馆。

住吉神社避开了繁华的市街，是一处闹中取静的所在，神社的外苑有池塘、溪流、石桥、竹丛和樱木的林荫道，铺着洁净的碎石子，步入境内，更有无数古老的石碑和布满青苔的巨岩，以及高耸的松、柏、樟、桧、楠、银杏，多数有着上千年树龄，这些历经沧桑岁月的古木群，在昭和四十一年（1966年）六月十日，被认定为山口县的天然纪念物。

在住吉神社举行的一年中最早的祭事是"和布刈"。和布是一种海裙菜，刈字的发音为 yì，即割除的意思。每年旧历正月初一黎明，住吉神社的神职人员，打着松明火把，冒着凛然的寒气前往关门海峡，在坛之浦的海边，赶在海水最低潮的时候，挽起裤腿走到海峡的礁石缝隙里，割取新鲜的海裙菜，捆扎好，拿回神社敬献于本殿的神位前。据说，此隆重而神圣的祭事从太古时代一直延续到现在。日语"和布刈"如果用方言来读，和"赤间关"的发音颇为相似，《下关市史·民俗编》里有著名民俗学者国分直一先生的考证，他断定，古老的祭祀仪式"和布刈"就是"赤间关"地名的由来。

住吉神社恒例的植田祭祀

# 海峡记

在很多外国游客眼里，关门海峡更像一条河流，风平浪静，一眼就看到对岸。

距今大约六千年以前，九州板块与本州岛分断开来，形成现在的海峡，最窄处只有六百米，平均水深四十米，关门海峡正式名称的来由，是从下关市和门司区两个地名里各取一字，合成"关门"。历史上这里还被称为穴门海峡、马关海峡、赤间海峡、下之关海峡和早鞆海峡。

通常，我们说的海峡是特指从关门桥附近到到彦岛这短短的一截，从火之山山顶望去，关门海峡的风光尽收眼底。其实，海峡的航路一直延续到小仓北区、户田、若松，直到外海。关门海峡是从外海进入濑户内海的必由之路，平均每天有七百多艘万国货轮、客轮进出，当然也有军舰和潜艇往来。

　　昭和二十年（1945 年）六月二十九日和七月二日，美军出动 B-52 轰炸机群对下关市街进行两次空袭，炸死三百二十四人，负伤一千零五十九人，受灾人数四万六千四百零八人。整个城市几成废墟。此外，美军还在关门海峡的水域里投放了大约五千五百颗水雷，铁桶一般封锁了进出船只，有三百五十艘日本舰船被炸沉。战后日本花费了五年时间疏通海峡航路，打捞"哑巴"水雷的工作至今还在进行。

从火之山上看关门海峡

横跨海峡的关门大桥，是一座斜拉式吊桥，桥身长一千零六十八米，宽二十六米，主塔距离海面高度是一百四十一米。此桥开通于一九七三年，衔接了本州与九州的高速公路。它也是海峡上空一道不可或缺的现代桥梁风景。就在关门桥的正下方，还"隐藏"着一条更早的海底隧道："关门自动车隧道"。这一条最初用于军事战备的隧道，始建于一九三七年，断断续续直到一九五八年才投入使用，打通了日本的国道 2 号线和 3 号线。在汽车隧道的上方，还有一个可以让行人使用的小隧道，为下关和门司两地市民的自由往来提供了极大的便利。在这条隧道的正中间，标注着山口县和福冈县的县境分界线，站在线上，既是足踏两县，也是脚踩两州。

县境分界线

连接 JR 门司车站和下关车站的关门铁路隧道，差不多是和自动车隧道同时着手开掘，于一九四二年十一月十五日正式开通，这是世界上最早完成的海底铁路隧道，它的建成，使得往来九州与本州的火车不再使用摆渡轮船转运，于是，下关火车站从当时的细江町迁移到现在的竹崎町。"新关门海底隧道"的起点是下关市一之宫，终点是北九州市小仓北区，作为山阳新干线的专用隧道，于一九七五年三月开通。三条海底隧道和一条海上大桥，把九州和本州两大经济板块密切联系起来，下关和北九州两地因为独特的地理环境，也形成了一个紧密合作的"关门都市圈"。

关门大桥夕照

昭和三十一年（1956年）五月，当年的军事要塞火之山与濑户内海西口的干珠岛、满珠岛被指定为濑户内海国立公园。坐巴士或者乘缆车，可直达火之山顶，从三百六十度展望台看海峡夜景或者观濑户内海的日出，是下关市民的一大享受。

火之山海拔二百六十八米，它并不是人们想象中的火山，在冷兵器的战国时代，这里是毛利军监视九州动态的哨所，建有烽火台，火之山燃起的是烽火，而不是地火。火之山腹部，缆车出入口附近，有日中友好纪念公园，纪念下关市与中国的青岛市缔结友好姊妹关系。二十世纪七十年代，为了促成两国友好，时任中日友好协会会长的廖承志先生做过很多努力。园内专门建有廖承志先生纪念碑。一九七九年五月，廖承志先生率大型中国访问团乘坐"明华号"中日友好之船访问下关；同年十月，青岛与下关即签订了友好城市条约。当时，负责接待廖承志一行的日方人士当中，有一位家住下关的外交活动家金田满男先生，自从与廖先生结交以来，数十年间金田满男先生一直致力于两国友好交流活动，并担任下关市日中友好协会会长，如今九十高龄，

下関書

金田满男先生（左）与中国艺术家赵无眠

依然活跃。

因为受到潮汐的影响，关门海峡的海水流向一日之间发生四次改变，东流和西流各两次。一一八五年三月，历史记载下的坛之浦合战，正是因为源义经有效利用了潮流的方向，一举击败了平家强大的水军。漫步海峡，看潮水浩浩荡荡不舍昼夜，很容易就让人发思古之幽情，豪迈有之、感伤有之、激昂有之、凝思有之……

每年一度"海峡花火大会"，定在八月的中旬举行。两岸同时发射，大约有一万五千颗烟花在海峡上空轰然绽放，作为消夏的"风物诗"，吸引着百万游客来感受这良辰美景。

下関書

海峡花火大会

# 御裳川记

御裳川是一条溪流的名字，听起来很美。可是，现在已经看不到溪流了，它变成一道暗渠，隐在地下。御裳川入海口建了一处精巧的公园，设计者使用朱红色小桥、细细的白沙和松柏，做了一个枯山水的风景，来象征性地再现御裳川旧貌。这一带曾经是源平鏖战的古战场，八百年前的凄凉战事一直流传至今。

在源义经和平知盛的雕塑旁边有一块诗碑，写着二位尼平时子的一首和歌："今知るぞ、裳川の、おながれ、波の下にも、みやこありとは。"优美的句子，和着五七五七七的节拍。歌是吟唱给外孙子安德天皇听的："随着御裳川的清波，漂向大海，在海浪之下会有一座宫殿。"吟唱完这首歌，她就抱起小天皇投海自尽了。在琵琶演奏长门本平曲《平家物语·安德

平家武士饮水处

帝入水》中，这一段唱词是最为撕心裂肺的。御裳川
名字的由来和这首"倭歌"有渊源。

　　日本文化里有"物哀"的特质，失败者平家一门
的悲惨结局，在后世博得了极大的同情，凭吊失败者
的仪式，有一种日本民族独特的审美，就像作家三岛
由纪夫说的，美的至高境界就是哀伤、是颓废、是死。
这样的情愫也会经常出现在新感觉派作家川端康成的
小说里。

　　在下关海峡周边，有关平家的传说很多，比如，
海峡里繁盛着一种小螃蟹，蟹壳上的纹路酷似一张愤

下
関
書

怒的人脸，于是它们就被认为是战死的平家士兵的怨灵所变，还有一种极细小的银鱼，据传是平家的丫鬟死后的化身。御裳川公园一侧，有一家格调极优雅的餐馆——平家茶屋，以做河豚料理闻名一方。为什么叫茶屋呢？这与"平家一杯水"的传说有关。源平合战中，一个平家的武将负伤落水，他忍着伤痛拼命地游到海滩上，口渴难耐，就在这时他看到不远处有一汪清水，就爬过去用手掬一口喝下去，果然是清凉甘甜的淡水。武将很高兴，想再喝一口，可是淡水却忽然变成又苦又咸的海水了。

显然，这是一个神谕，暗示人不可有贪欲，正是无尽的贪欲导致平家一门最终走向灭亡的悲剧。"平家一杯水"的纪念碑就在平家茶屋附近，有好事者还在那里搭建了一座小小的鸟居，写着平家武士饮水处。

在海峡里穿梭以捕鱼为生的渔夫们，都自诩为平家的后人，你看他们在船头垂钓时，总是正襟危坐，不失武士的身份和威严。

**马关战争**

平家灭亡七百年后，到了幕末时代的一八六四年的八月，在坛之浦的古战场上，同样发生了一场以失败告终的攘夷战，史称马关战争。

鸦片战争中清政府的失败，深深刺痛了日本的神经。嘉永六年（1853年）六月，美国的佩里舰长率领四艘"黑船"闯入浦贺湾，更让德川幕府坐卧不安，是开放还是锁国，两股势力争论不休。在孝明天皇的一再要求下，文久三年（1863年）五月十日，幕府将军终于勉强决定举国攘夷，可是政令不出江户城，响应者只有一个长州藩，藩兵利用下关炮台的长州炮，

长州炮

多次阻击过往海峡的外国商船，终于引来了欧美列强的激烈报复，元治元年（1864年）八月四日，英国、美国、法国和荷兰组成的四国联合舰队共计十七艘军舰，向海峡附近的坛之浦炮台和前田炮台发动总攻。以赤根武人为指挥官、以山县有朋为监军的一支民间武装"奇兵队"参与了这场战斗。可是，手持刀剑和旧火铳的日本武士，不论多么勇敢也敌不过用近代武器装备过的"异人"部队。

吉田松阴像

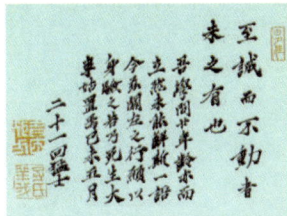

吉田松阴语录

停战和谈定于于八月八日，毛利藩派出高杉晋作为谈判大使，助手兼翻译是刚从英国留学归来的伊藤博文和井上馨。这一年高杉晋作二十五岁，伊藤博文二十三岁，井上馨二十八岁，这三位幕末维新时代的风云儿，是萩藩松下村塾的同门弟子，都受教于吉田松阴。一八五四年一月，吉田松阴和金子重辅两人，趁夜色掩护登上佩里舰长的黑船，希望舰队能带上他们去美国留学，未果。偷渡的事情败露后，吉田和金子以叛国罪入狱。时隔十年，长州藩瞒着江户幕府，秘密派出五名优秀青年藩士去英国留学，他们是：井上馨、山尾庸三、井上胜、伊藤博文、远藤谨助，号称"长州五杰"。马关战争爆发数月之前，正在英国留学的伊藤博文，从报纸上读到四国舰队要惩罚长州藩的消息后，心急如焚。眼见欧西文明与发展的伊藤，内心是主张开国的，他为了避免军事冲突，决定提前回国去游说长州藩。一八六四年六月，伊藤博文回到日本后，在江户和英国的舰队首脑进行了交涉，并且搭乘英国的舰船前往山口。当时参与谈判的英方翻译是后来名声赫赫的外交家 Sir Ernest Mason Satow，日本名字叫佐藤爱之助，做过英国驻日本公使和驻清公使。（此人在当时的中国也颇有名气，中文译名叫作"萨道义爵士"，1901 年他还代表英国政府与清政府签订了《辛丑条约》。）后来能在下关设立大英帝国领事馆，就是这位佐藤爱之助爵士最先提议的。他在后来的一篇回忆录里写到过参加谈判的高杉晋作：头戴高高的乌帽子，身穿黄金的铠甲，外边罩着鲜红的阵羽织外套，手拿一把银光闪闪的军扇，目光犀利，声音洪亮。佐藤爱之助甚至还把高杉晋作称为"魔王"。

明治维新一百年祭的时候，马关战争中被四国联军当战利品掠走的一台"长州炮"，被荷兰博物馆当礼品送回来。现在，御裳川公园里陈列的那数门大炮，就是长州炮的复制品。

# 彦岛记

明治四十二年（1909年）七月，已经六十八岁的伊藤博文乘坐军舰"满洲丸"去朝鲜视察。途径关门海峡时，伊藤站在甲板上以手遥指彦岛，对身边的人说："当年马关战争的谈判，若不是高杉晋作极力反对，英国人就把彦岛当租界了。试想，彦

航拍岩流岛

岛被英国殖民，它就是第二个香港，下关也就变成九龙了。"此言真假莫辨，也无法确认，因为这一年秋天，初代朝鲜总督伊藤博文被义士安重根刺杀于哈尔滨火车站。

彦岛，下关市最大的岛屿，常住人口三万人，面积九点八平方公里。除本岛外还辖有竹之子岛、六连岛、岩流岛以及部分响滩海域。如果把关门海峡比作进出濑户内海的咽喉，那么彦岛所在的地理位置就是一块突出的喉结。

寿永四年（1185年）三月，在坛之浦海域源平鏖战，平家军的大本营就设在彦岛。平家军溃败之后，一部分残党隐姓埋名住在彦岛，从此做了岛上的渔民。再追溯到更早的保元之乱（1156年），从那时候就有大批亡命的武士隐居在彦岛，岛上有以武将河野通次为首的"彦岛十二苗祖"。所以彦岛的本地人，无论渔夫还是农夫，都常常自诩为京都武士的后裔，他们也以此为荣。

岛上保留着许多关于平家的传说和遗迹。

彦岛曾被叫作"引岛"，本地的方言中彦字与引字的发音颇为相似，其实早在镰仓幕府的官史记录《吾妻镜》里，彦岛的名字已经出现了。直至近世的江户时代，伴随着一次极富传奇色彩的剑豪决斗，彦岛也随之名声远播。著名作家司马辽太郎在他的一本历史小说《留驻人间的日子》里专门有一个章节写到彦岛，司马辽太郎说，彦岛是他"死前一定要去看一看的地方"，只为他心仪的剑豪宫本武藏。

庆长十七年（1612年）四月十三日，宫本武藏与佐佐木小次郎于此地一决雌雄的传说，在日本可谓家喻户晓了，从江户时代一直到现在，以此传说为题材的戏剧、净琉璃、小说、浮世绘、动漫、影视作品，早已深入人心。

除了作家司马辽太郎、菊池宽、山本周五郎之外，最擅长写宫本武藏的小说家是吉川英治，从一九三五年开始，畅销书作家吉川英治的长篇小说《宫本武藏》在朝日新闻连载，一时洛阳纸贵。一九五四年，电影导演稻垣浩拍摄的武侠片《宫本武藏》（宫本由三船敏郎主演），不但叫座而且获得了第二十八届奥斯卡

剑豪决斗

最佳外语片奖。一九六一年，电影导演内田吐梦把《宫本武藏》（宫本由中村锦之助主演）拍成五集连续电影。二〇一四年，朝日电视台投巨资将《宫本武藏》拍成大河剧，宫本武藏的扮演者是日本最具知名度的男优木村拓哉。

## 宫本武藏

宫本武藏是日本战国末期至江户时代初期的剑术家、兵法家。因与佐佐木小次郎比武斗剑而一举成名。晚年他出仕于九州大名细川家。留有剑术书《兵道镜》、兵法理论著作《五轮书》《五方之太刀道序》《兵法三十五条》。一直到现代，日本民间关于他的传说依然很多。

天正十二年（1584年），宫本武藏出生于冈山县英田郡大原町宫本，自幼跟从父亲新免无二学习"当理流"兵法和剑术，在兵书《五轮书》中，他自述十三岁初次决斗就战胜了"新当流"的有马喜兵卫，十六岁击败了但马国有实力的兵法家秋山，二十一岁赴京都，与来自各国的武学家交手，从十三岁到二十九岁，决斗六十余次，无一次失手。

除擅长击剑之外，宫本武藏还是谙熟手里剑（一种类似飞镖的暗器）和体术（徒手格斗术）等多样技击的高手，二十多岁就已经开创了自己的剑术流派，号称"圆明一流"（圆明流）。庆长十年（1605年）写下剑术书《兵道镜》，宽永年间（1624—1643年）自创兵法，号称"二天一流"。

宫本武藏的决斗事迹中，最广为人知的莫过于"岩流岛决斗"了，也就是庆长年间在长门国的舟岛（当时是浮在关门海峡上的一个荒岛，接近彦岛），与小仓著名的剑术流派"岩流"的剑侠佐佐木小次郎对决

岩流岛标志

的故事。大部分人认为宫本武藏在这次决斗中战胜了佐佐木小次郎，但实际上决斗的经过、胜败、甚至宫本武藏的对手到底叫什么名字，不同资料的记载亦有出入，事实有待查证。此外，亦有传闻说，当时佐佐木小次郎被宫本武藏击晕后放在船上，后由德川家康派人暗中杀死。

　　宫本武藏在日本的影响相当大，所谓："宫本的刀、真田（幸村）的枪，天下无双。"

烟花下的剑豪雕塑夜景

## 佐佐木小次郎

佐佐木小次郎像

佐佐木小次郎，也被称为岩流小次郎，传说他是丰前国田川郡副田庄（福冈县田川郡添田町）人，还有考证说是越前国宇坂庄净教寺村（福井县福井市净教寺町）人，生年不详，只知道他死于庆长十七年（1612年）四月十三日，与宫本武藏的那次神秘的决斗。佐佐木小次郎也是日本战国时代的著名剑术家，别号岩流（或曰岸流），是剑术家富田势源的弟子，富田家代代侍奉于越前朝仓家，是继承"中条流"中的富田流一脉，而富田流所擅长的乃是使用小太刀的技巧。佐佐木小次郎也曾求教于中条流的钟卷自斋学习武术，中条流是有史可查的日本最为古老的剑术流派，在室町时代初期，由中条长秀（？—1348）创建，传承了中条流的钟卷自斋授徒无数，连有着一刀流鼻祖之称的伊东一刀斋也是其门下众弟子之一。钟卷自斋潜心多年自创了"钟卷流"，已达到剑圣之境。但是，他在日本历史上的名声反不如两位弟子小次郎和一刀斋。(传说，钟卷自斋因不满弟子伊藤一刀斋的懈怠而约其比试，反而败在对方剑下，从此销声匿迹。)

后来为了勉学，佐佐木小次郎游历各地，与人切磋武艺，并独自创立了自己的流派。相传佐佐木小次郎相貌英俊，身材高大，是典型的九州男子。他擅长使用三尺的长剑，由于剑身相当长，攻击范围大，据称连天上的飞燕也逃不出其长剑范围，将飞燕一切为二的绝招，名为"燕返"。

出身于并不富裕的下级武士家庭的宫本武藏，可以说完全是通过自学和实战练就了剑术本领。与之相比，武学名门出身的佐佐木小次郎，则是在追随和赞扬的环绕中成长起来的。不过，和那些平庸的纨绔子弟不同，小次郎绝对是一个剑术奇才。跟随钟卷自斋学习富田流的小太刀技法时，钟卷为了活用小太刀技法而让小次郎使用大太刀，久而久之小次郎的大太刀技法变得越来越纯熟。小次郎的师传爱刀"物干焯"便是长达三尺二寸的长刀，而小次郎的独门绝技"燕返"，更是能够将长刀之利发挥到淋漓尽致的招式。然而，百般优秀的小次郎，一世英名毁于舟岛（即后来的岩流岛）。

## 岩流岛的决斗

宫本武藏因为与佐佐木小次郎决战而一举成名。当时小次郎声名正如日中天，号称不败，而武藏只是一个无名小子而已。

决斗约好在岩流岛举行，时间是正午。小次郎早早地赶到，武藏却迟迟还不露面，眼见太阳已经偏西，武藏才优哉游哉地划着一艘小船出现在众人的视线里。早已经等得不耐烦的小次郎顾不得指责武藏的失信，拔出刀，扔掉刀鞘，快步冲到岸边。宫本武藏却不慌不忙地站起身，说道："小次郎必败！"说罢跳上了岸，却没有带武器，手上只有一把划船的木棹子，小次郎大怒，以为宫本武藏在戏弄自己。

在岩流岛的决斗中，且看武藏之做法：约定好决斗时间，出于对对手的尊重，小次郎早早到了现场。而武藏却偏偏要迟到，可以想象，这时的小次郎等得既焦急，又有一种不确定的窃喜，以为对手惮于自己的名望主动弃权了。就在无所适从的等待中，武藏却又优哉游哉地出现了，他使用的武器是特意制作的一把木刀，刀的长度是四尺二寸，比小次郎的专用兵刃"物干棹"长了整整一尺，而且伪装成划船的棹子。彼时的小次郎自然已无镇定的心态对敌了。扔出刀鞘便向武藏砍去，武藏又进一步调侃小次郎，说道："你把刀鞘都扔掉了，还好意思赢我？"如此这般，小次郎在武藏的语言挑衅中，又焦虑又愤怒，于是心乱。

最后，小次郎已无法宁心静气，发挥自己刀长的优势，甚至连"燕返"都没有使出就败在了宫本武藏的秘密武器之下，被武藏挥手一刀，击中头部，瞬时昏厥。只此以上两点，可知武藏之狡诈，以心理战术破掉了小次郎止水境界，即所谓——兵者，诡道也。由此可见，如果说小次郎是一名天才剑术家，不如说宫本武藏是一个兵法家。

宫本武藏在后来的兵法论述中，一直提倡要在剑术中修道，主张禅剑一途的境界。日本人很在乎"心"事。茶道、花道、剑道、书道等等的道，目的就是为了养心。心决定了行动，这种储蓄在自身内部的力量，或者说能量，是一种大修为，当然不是天生的，是后天的、经过努力达到的一种境界。决斗之后，小次郎受了重伤，他挣扎着说："我未完成的事业，就交由你去完成了。"说完就死去了。未完成的事业，当然是宣扬剑道了，后来武藏游历日本，比武论道，并创作了《五轮书》，也算是"不负所托"吧。

## 日本的"道"

以前听谁讲过一个关于日本茶师的故事：有一个江户时代的日本人，身份是一个知名的茶师，精通茶道。有一天想出去走走，他的徒弟说，一个人出去可能有危险，你不妨穿一身武士的衣服。他听了徒弟的劝说，就穿了武士的衣服出去了。结果遇到一个真武士，武士一看，觉得这个茶师形迹可疑，就说，你穿着武士的衣服肯定是练家子啊，我要跟你比试一下。这个茶师就坦白了，我不是什么武士，我只是一个泡茶的。武士说那也不行，你这不是给练武的人丢脸吗。不由分说就约了比试剑术的时间地点。茶师慌了，他不是武士，也没有练过剑术。他赶紧到武馆，去请教一名武术教头。他找到教头说，有天大的事，请老兄帮助，教我两招，我要去比武。教头问他到底是怎么回事呀，茶师就一五一十把事情的原委讲了，后悔说，都是穿了一身武士的衣服惹出的祸。教头说这样吧，我可以教你几招，但是你答应我一个要求，给我表演一下茶道。茶道自然是茶师在行的手艺，他就进行了表演，渐渐进入他的茶道境界里，一道手续也不落，非常投入、忘我。最后那个教头就说，不用学什么剑术了，你只要拿出茶道的这种境界去跟他比试就行了。于是茶师去了，去了以后，连剑也没拿出来，只是站在那里，神态安详，没有任何比武的意思。那个武士已经拔出剑了，对峙了好大一会，结果，真武士把剑扔到地上，认输了。他发现碰到高手了。真武士说，我接触过那么多武士，没有像你这样的，能这么沉得住气，你哪儿来的那么强的定力啊？——艺高人胆大。

武士道是日本武士阶层的一种人生规则，讲究的是修行，进入到一种高迈的境界，他们用道来炼性、养心。我以前看过一部山田洋次导演的古装电影《武士的一分》，电影名的意思是"身为一名武士"。那部电影的故事情节是：一名年轻的下级武士，他的工作是保护主子的安全，但是比较特殊，主子的一日三餐在厨房里做好，端到主子的餐桌之前这位武士要取一些样品，试着吃一下，检验是否有毒。他认为这些菜肴是安全的，下人才能送到主子那里去。可是突然有一天，武士在试吃一碗扇贝汤的时候中毒了，当场昏了过去。抢救过来之后，武士的眼睛失明了，因此他也就失去了那份工作，成了一个盲武士。没有收入，家境变得拮据了，年轻的妻子为了养家出去找工作，找到的工作是在另一个富裕的上级武士家做家务。那位上级武士曾经暗恋过盲武士的妻子，两人开始秘密偷情。后来盲武士知道了这件事，感到蒙受了奇耻大辱，他把妻子休掉，还派人去富裕的武士家下了决斗的战书，某月某日在某地和你单挑，决一生死。上级武士看了战书，一脸的蔑视，答应了挑战，并说，我倒想看看他怎么用刀杀我。决斗之前盲武士去拜见他的师父，师父劝他撤回战书，别去送死了。盲武士哭着说，死我也认了，因为身为一名武士，必须用我的刀来洗刷耻辱。师父被他感动了，说想打败对手也不是不可能，眼睛看不见了，用心来看。眼睛只能看到前方，心能看到四面八方。一意孤行要报仇雪耻的盲武士在决斗之前的短短几天里，悟出了武学的大境界，他在无边的黑暗中睁开了心之眼。电影的决斗场面很感人，谁都相信年轻的盲武士死定了，他穿着一双破木屐，拿着一根细细的竹竿，茫然无助地敲打着地面，向城外走去。在别人眼里，与其说是去决斗，不如说是去送死。看上去形单影只、可怜无助的盲武士握住一把刀在瑟瑟秋风中站着，其实他的心什么都看见了，郁郁远山、清澈的溪水、枫叶、芦花、芒草、天上的流云，甚至野地里一只歇脚的白鹭。后来他"看到"披着黑衫戴着斗笠的对手鬼鬼祟祟地走来。三五个回合之后刀光一闪，血从对手的额头流下来，那位上级武士的表情由轻蔑到愕然，到钦佩，最后心服口服地缓缓倒下，倒在盲武士的脚边。

列举宫本武藏和佐佐木小次郎的比武故事，我想说的是，剑客比武其实比的是心，要守住自己的心。心一乱，也就失去阵脚了。所谓的境界也是心灵的高度。武士道里面的那些规则，仁、义、礼、智、信、诚、勇等等，每一个字都指向一个心灵的高度，守住这样的心不容易。这样的信条每个中国人都学过，甚至不用学也懂得是什么意思。日本的武士们通过努力钻研才明白每一个汉字代表的意思。江户时代的儒学先生讲仁呀义呀礼呀什么的，都会举到中国古代典籍里的例子。比如说到守礼，常以孔子的学生子路为例。子路之死想必列位都知道吧，子路和卫国人打仗，在双方交战的时候，子路的帽子被打掉了。一个正人君子不可以不戴帽子，于是他就停下打斗，要求把帽子戴上，说"君子死而冠不免"，但是敌人趁机杀死了他。虽然子路被无情地剁成了肉酱，但是他是英雄，是君子。江户的武士曾把子路当成学习的榜样。说到儒家传统，当它传到日本后，日本人弄懂了，就努力地执行它。

众所周知，儒家思想深深影响了日本，武士道是在儒家思想的沃土上绽开的东洋之花。《武士道》的作者是日本近代著名教育家新渡户稻造，写于一八九九年的明治三十二年，主要是写给西洋人看的，一共十七章，提到了义、勇、仁·恻隐之心、礼、诚、名誉、忠义、克己、刀·武士之魂、自杀以及复仇等等，原文是用英语写成的，此书一出，旋即风靡欧美社会，被翻译成多种文字，一版再版。武士道精神是日本文化的精髓之一，是这个民族生存发展的底气，没有这么一股子充沛的底气，日本就不会有明治维新的壮举，也不大可能从二战之后的废墟上奇迹般崛起，一度成为世界上第二大经济体。

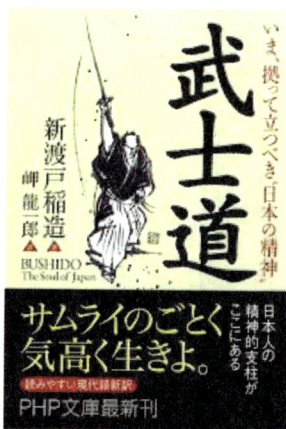

《武士道·新渡户稻造》

从日本历史上的中世战国时代以后，武士一直就是一个受日本庶民所尊重、所敬仰的社会阶层。因为武士代表了道德上的完美，武士守着自己的道，拥有武力但不轻易向人施暴，更不会欺负那些手无寸铁的平民，不会干杀人越货的勾当；另一方面，谁也不可以侵犯武士，武士们有道也有刀，武士的尊严受到伤害的时候，他把对方杀死也不犯法。所以身为一名武士，也许他长得很瘦弱，貌不惊人，但是他的腰间配着一把锋利的刀，可以砍别人的头，也可以切自己的腹，让人觉得他凛然、悍然，是不可侵犯的。这种文学"意象"太好了，就像美国人写的那本《菊与刀》的书名。

日本是物哀的民族，是连国歌都唱出忧伤的民族，看中"败者的美学"。所以，和凭吊在坛之浦合战中灭亡的平家一样，后人念念不忘那个在决斗中死去的佐佐木小次郎，于是海峡中的那个小小的荒岛——舟岛，就以佐佐木小次郎的别号来命名为岩流岛了。

彦岛不仅有三菱重工、三井化学这样的大企业的分厂，还有上百家海产品加工厂，其中河豚的产量居日本第一位。随着日本少子高龄化时代的到来，劳动力严重不足成为一个事实，因此不得不使用大量的海外劳工。目前，来自中国的技能研修生有二百多人生活在彦岛。这些年，研修生的存在也变成了一个让日本无法回避的社会问题。

**附录：研修生杀人事件**

公元 2013 年 3 月 14 日，这一天，全日本的大部分区域都感受到了春天的暖意和舒展，期待已久的樱花在各地逐次含苞待蕊，今年的气候异常，花事来得比往年早，不到 4 月就要遍地盛开。这一天，我的身边什么也没有发生，中午放学，学生们匆匆离开教室，连饭也来不及吃就各自跑去打工了，每个人为生存都忙忙碌碌，这个国家创造了两个口号深得民心："时间是金钱""顾客是上帝"。孩子们在奋斗中坚强。下班后约了两个朋友去喝酒，在一家紧靠海边的大排档里，一边牛饮扎啤一边吃海蛎子，这季节正是吃海蛎子的最好档期。

相邻的广岛县，盛产海蛎子，每年一到这个季节，电视上都能看到相关报道，各种吃法吊足人们的胃口。但是，这一天的晚间电视报道里，醉眼蒙眬的我看到了中国来的研修生陈双喜杀人事件，这一条报道抽冷子夹在春暖花开的季节里，令人心底一惊，至少我自己，再也提不起吃海蛎子的兴致。

那一天，从一早开始，广岛县的江田岛市"川口水产会社"的海蛎子加工场内，一如既往地繁忙，傍晚要收工的时候，川口水产会社所属技术研修生陈双喜，面色苍白地从工场二楼的居室里走下来，然后抄起放在楼梯口的一把铁锹，一言不发地走向正在埋头干活儿的社长川口信行的背后……

五十五岁的川口社长头骨被砸得粉碎，胸口被捅数刀，倒在血泊里当场毙命。六十八岁的老太太桥下政子尖叫着走过来劝阻，但是不由分说，被陈双喜迎上去一刀刺进脖子，斩断了喉管和动脉血管，鲜血噗的一声喷出来，溅得陈双喜满脸满身都是，那个瘦弱的老太太手捂脖子一头栽倒在地。东北青年陈双喜杀急眼了，他挥舞尖刀一路追杀四散逃命的其他员工，此后，先后六人相继被砍翻在地。海蛎子工场的水泥地被血染红了……

电视上，面色恐慌、紧张兮兮的现场记者如是说。

次日，三月十五日的几十家报纸，包括《朝日新闻》《读卖新闻》《每日新闻》都在头版的显著位置上刊登了有关"陈双喜杀人事件"的报道。网上，相关报道的点击率一日数十万，其残酷的举动令无数日本人立即想起2004年几个留学生做下的"福冈灭门事件"（松本真二郎一家四口被杀，沉尸海底）。

警察在接到报警后迅速赶到，以涉嫌蓄意杀人罪将陈双喜抓获,陈双喜面无表情、目光呆滞,像丢了魂一般。据说,陈双喜在警察赶到之前曾企图自杀,但是,他最终没有勇气去寻死,他用手里沾满他人鲜血的尖刀只浅浅地在自己的肚皮上划了一下就疼得下不去手。

80后中国青年陈双喜今年三十岁,来自大连乡下,家有妻儿老小,他也正值而立之年,需要养家糊口。去年五月,以赴日研修的名义来到广岛县,补习了一个月的日语后就下到工厂干活去了,以他的外语水平根本不能够和日本人会话,在工作中产生误解和矛盾是无法避免的。他工作的这家水产加工厂,只有他一个中国人,也就是说他基本上没有使用母语交流的机会,所以在日本人眼里他就是个沉默寡言的青年。不懂日语再加上对日本社会文化不了解,工作中出现错误简直是一定的。谁都知道去日本研修技术,只不过是个幌子,研修生说白了就是海外劳工,而且十有八九来自中国乡下,是到别国去的农民工,来之前他们都是和中介公司签了合同的,愿打愿挨。说到待遇,也无可厚非,日本是民主国家,重视人权,不会欺生,不会拖欠工资。

陈双喜的契约还有两三个月就到期，单单在这时候他出事了，出了人命关天的大事。

案件还在调查中，人们最关注的是杀人动机，关于杀人动机，陈双喜会有一个什么交代呢？这实在是令人匪夷所思。在国内此君有没有前科不得而知，但是身为人子、人夫、人父，应该懂得人情世故、世间伦常。一怒之下八人死伤，他怎么下得了手？从作案时间和时机判断，那根本就不能算什么一冲动引起的"激情"杀人，既然有了预谋，为什么不想到后果，哪怕是想想后路也好啊，比如杀完就走，逃之夭夭。报纸上引用了和陈双喜有交往的其他中国人研修生的话，推论说，基本上，陈双喜的冰冷的杀意来自怨恨——首先是对公司社长川口信行的怨恨，因为在工作中社长多次当面训斥过他，令他感到十分委屈。拼命工作却得不到周围认可的陈双喜，愈加沉默寡言，感到身边的日本人一个个冷酷无情，他对训斥过他的人怀恨在心，积压得久了，按捺不住就爆发了，就要杀之而后快了。事情也许就这么简单，许多看起来复杂的事情一开始都是很简单的。

论工作态度，全世界恐怕没有比日本人更严格、更认真、更变本加厉、更不近人情的了，所以他们能做出令全世界人刮目相看的产品，哪怕一根牙签他们也要做得精巧、精致、精益求精。同一个日本人，在工作之中和在工作之外，简直判若两人。偷懒耍滑投机取巧的人，不适合来日本，陈双喜是不是这样的人我不知道，但是公允地说，川口社长在工作当中训斥他一定不会是故意难为他，吹毛求疵、鸡蛋里头挑骨头。那位社长是一个最普通不过的中小企业老板，节俭看似穷酸，勤勉近乎自虐，身为"川口水产"的一家之主，他兢兢业业，如履薄冰，视企业如性命，每天早上四五点钟就起来工作，工作起来连话都不怎么说。这样的人，我在日本十年间遇到得多了去了，性格古怪一点，但是没有恶意。

三月十九日的东京《中文导报》，从研修生心理变异的角度评述了陈双喜杀人事件：

"最近几年中，恶性犯罪事件在中国研修、实习生中时有发生。除了日本的实习、研修制度存在许多问题和许多客观原因外，记者在采访中还发现，他们面临着一个共同的问题，那就是突然进入陌生的文化环境、陌生的语言环境以及低廉工资带来的自卑感和行动上的不自由状态。从精神上讲，研修生们进入了一个心灵世界的'缺氧空间'，他们有了苦恼无处倾诉，又不能花钱去娱乐以消解精神上的焦灼。无论周围的人对他们怎么好，他们的经济与文化状况都会使他们有一种自卑感，这种自卑和焦灼使他们的自尊心变得极度敏感，极度脆弱。平时根本用不着放在心上的事，他们也会左思右想，任何一个微小的刺激，都会使人做出激烈的反应。深陷心灵缺氧的生理状态，犹如专门放大不愉快事情的'放大镜'。"

请注意，该报说"任何一个微小的刺激，都会使人做出激烈的反应"。日本人读到这样的文字还敢雇用中国人吗？所谓"研修制度存在许多客观原因"，那么同样是赴日研修做劳工，为什么从中国来的研修生频繁惹出事端，而其他亚洲国家来的研修生，比如越南人、菲律宾人、泰国人、老挝人，就没有这些耸人听闻的事呢？他们高颧骨深眼窝、身材瘦小、皮肤黝黑，一眼就被识别出来是外国人，他们连汉字都看不懂，连筷子都不会使用，他们眼里的日本，难道不更加是一个陌生的文化环境，心灵不是更"缺氧"吗？

　　说到这里问题来了，陈双喜在去日本之前了解到的日本是什么？他在没接触过日本人之前，对日本人怀着什么印象？他或许没读过一本关于日本文化的书，但是一定看过不止十部抗日题材的电影电视剧吧，远的不说，像《小兵张嘎》《地雷战》《敌后武工队》，这些都是70后以前的人耳熟能详的老片子。近十年来的作品《南京，南京》《举起手来》《铁道游击队》《走，打鬼子去》《金陵十三钗》《亮剑》《一个鬼子都不留》《斗牛》《民兵葛二蛋》等等，这里边有多少镜头是杀鬼子的，和陈双喜一样，我们的很多年轻人在潜意识里也简单地断定：凡是日本人都是坏蛋、凡是日本人都该杀，杀日本人就是爱国、杀日本人就是英雄。难怪，这个杀人事件一出，国内很多网上的帖子发出一片赞誉之声，说陈双喜"是民族英雄""杀得好""陈双喜出名啦"……要说杀意来自仇恨的话，其实，陈双喜在去日本之前早就在心里仇恨日本人了，因为日本人是他没接触到的"鬼子"，没一个好东西。不是吗？影视剧里哪一个鬼子不是凶神恶煞的模样？哪个鬼子不是双手沾满中国人的鲜血？哪一个鬼子可曾有半点人性？哪一个鬼子会像正常人一样面带微笑，目光友善？来自东瀛岛国的日本人不是人，是匪徒、是妖魔、是恶鬼。

几十年来，以爱国教育为幌子，抗日题材的影视作品被海量制作，横店影视城、沂蒙影视城里抗日的片子一部接一部，数量越来越多，同时，也越来越胡闹，越来越"趋娱乐化"，一部分导演和编剧们，根本就没有心思正视那一段给我们中华民族带来灾难的沉重历史。

今天，还有多少中国人对日本人怀恨在心，欲杀之而后快？今天，还有多少汉奸帽子被强行扣到自己同胞的头上，就因为他赞美了日本几句？

中日两国一衣带水，远亲不如近邻，何况同文同种。当年，挑起战争的日本人也把自己的国家变成废墟，几近亡国灭种。战后，这个民族在一片废墟之上重建自己的国家，进行了"一亿总忏悔"，走向民主、法制。日本兵队糟蹋过我的故乡，放火烧了我爷爷的房子，我的曾祖父被日本兵的刺刀活活挑死，我从小就记得这一段家仇，但是我并不能以此为理由把身边的日本人朋友和同事们砍翻在地，烧他们的国旗、炸他们的新干线、强奸他们的女人。相反，我和他们友好相处，彬彬有礼，一心想获得他们的尊重和敬佩。

历史不能忘记，历史要时时反思，痛定思痛。但是不要永远怀揣着仇恨，不要一代接一代地把仇恨的根子传递下去。"以德报怨""化干戈为玉帛""相逢一笑泯恩仇"是我们中华民族的智慧和美德。人性和良知没有国界，友谊和情感没有国界，民族主义和国家的概念会越来越淡，人类一步一步前进，一定会走向"大同"世界，彼时，天下为公。

2013 年的春天就要来临了，陈双喜的人生或许再也没有春天了，等待他的是犯罪审判。他冷静下来一定追悔莫及，谁替他赡养爹娘，谁替他照顾妻儿？如果你还把陈双喜奉为民族英雄的话，好吧，我告诉你，你心目中的这位英雄现在正关在广岛的看守所里，日日号啕大哭，不吃不睡。他在担心什么，还用问吗？

（转引自 2013 年 3 月 15 日老海的博客，有删改。）

# 长府记

　　顾名思义，长府者，长门国府。来下关，一定要
去看一看长府，这个拥有四百年悠久历史的"城下町"，
一度被称为西国的小京都，也是下关市最具代表性的
古城文化观光景点。

长府庭院风景

　　长府距离下关大约五公里路程，从下关车站乘坐观光巴士非常方便，如果选择从国道九号线走的话，还可以一路欣赏沿途的海峡风光。倘若是在晴朗的天气里，关门海峡和濑户内海的景色，正如袁宏道笔下的西湖："山色如娥，花光如颊，温风如酒，波纹如绫。"在我们步入长府历史的旧街道之前，不妨先欣赏一下散文家祝勇先生二〇〇四年访问日本时，描写京都老街的美妙文字：

　　"一个没有节奏感的人在京都也能感觉到节奏。这里的空间节奏通过那些石砌的城堡、绚烂的宫殿、朴素的寺庙、宽广的街道，以及无数细窄幽长的小巷，进入你的身体，所以在这座城市里，音乐不是被奏响，而是在每一个人的身体里自动生成的。这里的建筑变化多端，并不像我所居住的城市那样整齐划一、呆头呆脑——那座多风的北方城市里千篇一律的玻璃幕墙反映出城市设计者在智力上的缺陷，动脉似的道路每天都在唆使上班族参与到一场盛大的游行中；那里的建筑以'大'为美，却'大'得笨拙和单调，它用粗暴的语言命令我们虔诚和卑微。京都却从不单纯地追求气派，它含蓄而谦恭，虽然布局整齐却在尺度上获得错落感。这里的街巷经常变幻莫测，一个人一闪身就会消失于树木掩映的小屋。我常在两边是土墙的小巷里看到一个夹着公文包的职员，甚至许多株式会社，都在古旧的木屋里办公。由京都御所或者二条城转入寻常巷陌，我一点儿也不感到突兀。整座城市像音乐一样和谐和安静。

"小巷与每一个家庭相连。它以严谨的态度拒绝一切庞大和喧嚣的事物。木屋沿街排列，或者隐于院子的树后，像少女一样深藏不露。院墙是土做的，却一尘不染，它们直接通向房间里温热的茶宴。尤其当黄昏的光射向小巷的时候，我相信每一个归家者的内心都会变得静穆和安详。这里的房屋似乎和主义、风格、传统、理念这些大而无当的词汇无关，它们仅仅是人的居所，这里的主人所考虑的事情与他们的先人相差无几。所有的房屋都十分平凡，即使在名人故居的前面，也没有任何迹象暗示我，一个重要的房屋就要出现了，唯一与众不同的，是把它们集合起来的这座城市。"

(摘自《日本意向》，中国旅游出版社。)

枫叶隐古刹

如果同样也拿音乐来比喻长府，在我的感受里，它是用日本传统乐器尺八演奏的一首古曲：安静、和谐，也许还有一点忧伤，有一点意绪苍凉。

**毛利秀元**

长府作为西国的海防重镇，早在镰仓幕府时代，北条氏就已经在这里设立了"长门探题"（地方行政

机关的名称）并且修建了国分寺，
管理一方的政务和宗教，同时秘密
监视地方武士集团的动态。

位于长府的历史博物馆

　　战国名将毛利元就最钟爱的孙
子，毛利秀元是长府藩第一代藩主，
也是长府城下町的创始人。天正七
年（1579年）秀元出生于备中猿悬城（今冈山县仓敷
市），小名宫松丸。秀元的前半生与丰臣秀吉感情深厚，
而后半生又深得德川家康的信任，他以超拔的才能和
智慧周旋在各路军阀之间，立不败于战国的乱世。

　　童年时代，秀元就作为毛利家的人质被送到丰臣
秀吉的手里，在秀吉的膝下长大，聪明好学的宫松丸
颇受宠爱，元服之日，丰臣秀吉不避忌讳，特意从自
己的名字中取出一个"秀"字赐给宫松丸，因此得名
毛利秀元。文禄元年（1592年）七月十九日，丰臣秀
吉乘船从名护城返回大阪途中，在关门海峡意外触礁，
危急之际毛利秀元亲自组织救援，并在藩内设宴为太
阁压惊。当时尚无子嗣的丰臣秀吉一回到大阪，就将
自己的侄女收为养女，然后赐给秀元为妻。

在文禄·庆长战役之时，毛利秀元担任毛利军团的总指挥，屡获战功，丰臣秀吉专门派使臣到毛利藩国，把自己最珍爱的南蛮茶壶赏赐给秀元，此宝物（铭·玉蟲）以及太阁的亲笔信现存于长府博物馆。

丰臣秀吉死后，效忠丰臣家的毛利氏加入西军阵营参与了关原之战，此战败给德川家康的东军阵营。于是，显赫一时的战国大名毛利氏，所属十一国领地被削掉九个，只剩下最西部的周防、长门两个小国，毛利一族也被贬到偏远的小城萩市，领辖长州藩，俸禄从一百二十万石降为三十六万九千石（武士、官僚以稻米重量来计算俸禄，江户时代1石粳米等于10斗，大约100斤左右）。

庆长五年（1600年）毛利秀元创立支藩长府藩，年俸禄仅为三万六千石。在德川幕府的怀疑与监视下如何发展，成了毛利一族必须要小心应对的一大藩策，这期间毛利秀元运用他的人生智慧，不断向德川家靠拢，并取得幕府的信赖。首先被称为"天下的大将军"的水户藩德川光国藩主与秀元成为莫逆之交，接着秀元把自己的四个女儿分别送给幕府重臣永井尚征、稻叶正则、土井利长、山崎丰治做妻妾，直到后来，以原配夫人病亡为由，庆长十八年（1613年）毛利秀元顺利地迎娶了德川家康的养女做继室。通过秀元的精心运作，外号"老狐狸"的德川家康终于打消了对毛利藩的敌意。

宫田雅之的刀势画《战国三雄》

但是，毛利藩从来没有忘记报仇雪耻，长州的藩士们"百万一心"隐忍三百年，终于发动了明治维新，推翻了德川幕府，所以，山口县被称为"明治维新胎动之地"。——这是后话，不提。

四百多年过去，如今，长府毛利家已经没有后代了，威严、气派的毛利藩邸无人继承，一度变成废园，长满萋萋荒草。长府町役所接管了藩邸，把它修建成一处观光的名所。毛利庭院是一处非常有代表性的日本庭院，面积不大，小而雅。既有枯山水的设计，又巧妙地借鉴了中国园林的曲折、借景、遮断、情趣等特色。

古庭院

当年，明治天皇巡幸时，就曾下榻于毛利藩邸，中庭有楠木数株，枝繁叶茂，乃秀元公手植。

## 忌宫神社

忌宫神社是长府最古老的神社，号称"长门国第二宫"，这里一直流传着仲哀天皇在此庆祝战胜的事。

公元一百九十八年七月七日，朝鲜半岛的新罗军串通九州的熊袭部落，两支部队联合起来攻打丰浦的城堡（现在的忌宫附近），仲哀天皇率军抵抗，但是

忌宫神社主殿

两军众寡悬殊，新罗军来势很猛。战斗打到最激烈的时候，仲哀天皇一箭射死了新罗军的大将尘轮，失去主帅的新罗军兵败如山倒。丰浦国于是化险为夷。

战斗胜利，士兵们把新罗大将尘轮的首级砍下来当祭品，他们举起长矛做的武器，欢呼着仲哀天皇的名字，高兴地跳起舞来。后来，尘轮的首级被埋在祭坛之下，并在上边压住一块大石，因为这个新罗首领的脸凶恶如鬼，人们把压在上边的石头叫作"鬼石"，"鬼石"就在忌宫神社前的广场上。

每年八月七日到十三日，长府的市民都要在忌宫神社的前边举行为期一周的"数方庭祭"，傍晚，篝

忌宫神社外的"鬼石"

数方庭祭

火燃起，在太鼓、笛子和钲的合奏里，力士们手举高高的毛竹，围绕着"鬼石"跳起庆祝胜利的舞蹈。毛竹最长的有三十米，重达一百公斤，上边挑着旗帜或经幡，看起来勇壮无比。在身份制度严格的幕府时代，唯有在这种"数方庭祭"的仪式上，人们不分武士、农民、商人、渔夫，只要有力气就能参与。

延续了一千八百多年的"数方庭祭"，成为山口县指定的非物质文化遗产。

## 虔　诚

忌宫神社的境内平素很安静，里边有很多鸽子，大概上百只吧，还有一群散养的公鸡母鸡。游客可以到社务所前花五十日元买一包碎米喂鸽子玩，鸽子很精灵，看见你手里有食物，就从屋檐和树枝上呼啦啦都飞过来，落到你头上、肩上、手上抢食儿吃，一边讨好似的咕咕叫。公鸡母鸡也都扑棱扑棱跑过来围在你身边。大概是报恩吧，鸽子和鸡都愿意和你合影留念，有耐性。

有一次，我在忌宫神社里遇到一位日本老太太，七八十岁年纪，一头白发干干净净。这一天她来请一位神职人员做法要，她告诉我说，家里的一棵老树被台风吹倒了，横在院子里很碍事，她不得不找人把这棵树锯断，拉走。为了这一份歉意，她要到神社里给这棵树祈祷冥福。

我看见那位瘦小的老太太，走近殿内，毕恭毕敬地坐在神位前的小马扎上，双手合十，闭目。太鼓敲打数声，笛子和笙吹响，戴乌帽子的神社氏子挥动白纸经幡，围着她咏颂御祓词……

## 功山寺

功山寺，最初的寺名为金山长福寺，是长府城下町最具代表性的一座寺院。建于嘉历二年（1327年），属于日本的禅宗一派曹洞宗，本尊为千手观音菩萨，也供地藏佛。在虚庵玄寂大和尚开基之初，这里属于室町幕府初代征夷大将军足利尊氏的领寺，这期间，在山口雄霸一方的大内氏也多有进奉，大内氏式微之后，这里又成了长府藩毛利家的菩提寺，历代藩主死

功山寺内

功山寺山门

132～133

葬于此。庆安三年（1650年）十月三日，初代藩主毛利秀元辞世，法号为"智门寺殿功山玄誉大居士"，长福寺由此改名功山寺。一进入功山寺山门，便会感到一股寒气隐隐袭来，砖石砌的甬道两旁，松、柏、樟、桧、银杏，古木参天，浓荫匝地，地上生出厚厚的青苔，更有老樱、老梅、老枫、老海棠、老藤，茂叶繁柯，精灵古怪。

从战国到近世，功山寺一直是日本历史的见证，七百年来处惊不乱，默默地注视着这一方土地的国运兴衰和世事沧桑。

山口文化的兴盛得力于大内氏的崛起，这个具有浓厚传奇色彩的武士部族从平安朝时期开始，一直担任着周防国的某个小小的守卫之职，默默无闻。和其他地方武士不同的是，大内氏不爱慕虚荣地假托是"源平藤橘"等贵族的后人，而是把朝鲜半岛百济国的圣琳太子尊为祖上。据史料记载，圣琳太子的确到访过周防国，从多多良海岸登陆。

最初这个阴骘而尚武的部族以多多良为姓，后来迁居到大内村，便以大内氏自称。因为独占海上交通的便利，大内氏通过与朝鲜、中国做贸易迅速发迹。延文三年（1358 年）大内弘世率军进攻长门国，并一举将长门国的大名厚东氏阖族消灭，（一小部分残余势力被驱赶到海峡对岸的九州。）取而代之实际控制了防长两国。借着南北朝之乱，大内氏不断扩张，到了大内义弘主政时期，大内氏的势力范围已经超过了

功山寺雪景

朝鲜通信使上陆纪念碑

周防、长门两国边境，把和泉、纪伊、丰前、石见四国都纳入版图。

战国时代异军突起的安芸国（现在的广岛一带）毛利氏，对大内氏独享与朝鲜半岛和中国做贸易的特权已经觊觎许久，弘治元年（1555年）毛利军发动奇袭，在"严岛战役"中击溃了大内氏的主力，大内氏的重臣陶晴贤切腹自尽。弘治三年（1557年）三月，毛利军攻陷山口，大内氏最后一代领主大内义长败走长府，被围困于功山寺。

是年四月三日，年仅二十六岁的大内义长，最后一次和部下、侍从等行完君臣之礼，在众人的泪眼目送下，于功山寺殿内剖腹自杀。死前，怅然写下一首辞世的短歌——

歌曰："誘ふとて　何か恨みん　時きては　嵐のほかに　花もこそ散れ"（中文译为：如此赴死当别无遗恨，就算飓风不来，花朵也自会凋零。）

功山寺大殿后边，一处极不显眼的地方，在萋萋

功山寺七卿遗迹

荒草之下，堆着大内义长的小小坟茔，这是一处被历史遗忘的，连夕阳都照不到的角落，寂寥而悲凉。

战国名将毛利元就，一生征战，参加大小战役二百余回。永禄十二年（1569）春天，元就以七十三岁高龄抱病指挥了他一生当中最后一次战役：攻打雄踞北九州的大友军。当时，毛利军的大本营就设在功山寺内，元就老将军在此滞留半年有余。

文久三年（1863 年）八月十八日朝廷政变，主张攘夷的公卿三条实美等七人在长州藩兵的护送下逃离京都，一路向西逃到下关，长州藩接纳了他们，从十一月十七日开始一直隐藏在功山寺里。

元治元年（1864 年）八月，马关战争爆发。英、美、法、荷兰组成的四国舰队大军压境。毛利藩第十三代藩主毛利元周在功山寺祈祷胜利，并以功山寺为大本营指挥战事。

攘夷失败后，长州藩政一片混乱。终于，青年才俊高杉晋作重新登上历史舞台，幕末维新的大幕拉开了。一八六四年十二月十六日，以打倒幕府为政治口号，高杉晋作集结奇兵队的战士在功山寺起义。若无此"回天义举"，日本的明治维新不知还要推延多少年。对于这次著名的功山寺举兵，久居长府的小说家古川薫先生有过精彩的描写：

"告别了三条实美，高杉晋作从方丈里走出来，神色凛然。从傍晚开始纷纷扬扬一场大雪，把功山寺的庭院盖得严严实实，房檐上、树上也都挂着厚厚的积雪。没有风，四周安静极了，晋作抬头仰望夜空，正中天一轮明月，月光照在雪地上，天地一派澄明。……"

下关籍作家古川薫（中）

最让下关人感到荡气回肠的是，在举兵之际，高杉晋作对公卿三条实

美说的那句豪言："是より長州男児の腕前　お目に懸け申すべく"（从今往后，要让阁下看一看我们长州男儿的气概。）

## 长州男儿

什么是长州男儿的范儿？长州男儿多报国之士，心忧天下。难怪地处偏远的山口县，却为日本的近代史上留下九个内阁总理，七十多个大臣和将军。要说典范，乃木将军是其中一个代表。

嘉永二年（1849年）十二月二十五日，乃木希典出生于江户，小名叫无人。其父乃木希次是一个下级武士，当时在江户的长州藩大名办公驻地负责照料马匹的工作。安政五年（1858年）十二月，无人随父母返回故乡山口县长府，不久拜汉学家结城香崖为师学习儒学。从万延元年（1860年）一月开始，学习流镝马（骑射）、剑道、枪术、西洋炮术等武艺。一八六三年二月，无人改名希典，号源三，这一年他和志同道合的友人们对天盟誓组织了长府报国队。庆应元年（1865年）第二次征讨长州战役时，乃木希典

乃木神社

的报国队受山县有朋指挥参加了著名的小仓战役。从此乃木希典开始了军旅生涯。

明治十年（1877年）参加西南战役之时，乃木希典率领的步兵十四连队，因为战事不利，队旗被西乡军夺走，作为连队长的乃木希典向总指挥官山县有朋呈上"待罪书"请求处分，并企图切腹自杀来雪耻，有一次要不是被儿玉源太郎夺下军刀，他就自杀了。

明治二十年（1887年）乃木希典奉命与川上操六去德国留学。留学期间结识了以军医身份在德国学习的森欧外，两人一见如故，成为挚友。学成回国之后，乃木希典参加了对中国战争、对俄国战争，随后晋升为陆军中将，期间还担任过台湾总督。

为乃木希典博得巨大荣誉的是日俄战争，作为第三军司令官的乃木希典与他的两个儿子乃木胜典、乃木保典抱着"祈战死"之心，在出征之前他们一家就准备好了三口棺材。两个儿子英勇作战直至战死沙场，暂时洗刷了乃木希典耿耿于怀的"西南失旗"的耻辱。

明治四十年（1907年）一月三十一日，乃木希典被任命为军事参议官兼学习院院长。受明治天皇之托，以言传身教的方式精心栽培小皇孙裕仁（即后来的昭和天皇），直到一九一二年明治天皇驾崩。这一年九月十三日，是明治天皇大葬之日，乃木希典和结发之妻静子夫人，在家中以武士道最庄严的"十文字"剖腹自杀的方式，为明治天皇殉葬。死前留下遗言："盛世明神不在，吾愿追随大君而去。"

乃木希典死后被当作"军神"备受敬仰，可是，作家司马辽太郎却把乃木希典描写成一位"愚将"，他作为日本近代最后一个死节的武士，也暗示着一个时代的终结。

## 土墙与木屋

坛具川富有诗意，它是一条清澈的小溪流，一年四季欢声笑语似的从城下町流过，锦鲤、野鸭子、白鹤以及倒映在水上的花姿和树影，如此的美景让游人不仅为之陶醉，而且心里有点怅怅的感伤。

沿着坛具川溯流而上，会看到许多曲折而优雅的小巷，一式的青石板路面、格子门、木屋和土墙。人走在这样的巷子里，往往会因为时空倒错而失去判断力，不知道隐约间走进了哪一个历史的次元。时间这一片透明的流体，在这样的空间里忽然失去了无坚不摧的暴戾，变得有气无力，仿佛耗尽四百年岁月也没有改变点什么。

每一个到过日本的游客，都会无限欣喜地感受到，土木材质的建筑所能带给肌体上的那种亲近感，从遥远的农耕文明时代开始，人们就在这样的建筑里栖息，与土木保持着不可分割的相依为命，甚至成为土木母体的一部分。在钢筋水泥的现代住宅里待久了的后人们，每每看到那些在树木掩映中

坛具川夜景

长府土墙

的小木屋和土墙，不由得就涌出对远古和大自然的
追思，还有对艺术和神灵的膜拜，因为人最终不会
背叛天道。

　　长府的土墙被称为"练塀"，它们的建造工艺一
直延续了上千年之久，在石头的基础上，用最古老的
版筑的方式垒起墙体：黏土、石灰、碎稻草和菜籽油，
经过充分搅拌，在木杵的反复夯击中变得愈加坚固。

长府土墙

为了美观，墙头上还要垒砌上小巧的青瓦，装饰着家
纹或者各种图案的瓦当。

　　菅家长屋的"练塀"是具有代表性的一围老墙，
看起来它们实在是土得不能再土了，苍老得令人惊讶，
但是从沧桑岁月中磨砺出来的"耐性"与"气度"，
却让它们足以对抗时间、对抗现代性、对抗流行。正
因为老墙的存在，旧城下町的风物才显得那么别具一
格，那么真实而富有魅力。

# 绫罗木记

　　根据确凿的考古研究论证，距今一万年左右的时候，日本列岛普遍进化到了绳文时代，也就是新石器时代，那时候尚属母系氏族社会，人们主要以采集和渔猎为生。"绳文"一词源于美国考古学家摩斯关于大森贝壳冢的研究报告，明治十年（1877 年）摩斯曾对位于东京大森的贝壳冢进行过调查研究，他把发掘出来的带纹状的陶器，用英文标注了专用名词，它被日本人翻译为"索纹"或者"绳文"，并以此命名那个时代的文化。随着考古研究的不断深入，学者发现一种新的文化样貌——"弥生时代"，大约在公元前三百年开始形成，并且可以推断，有一大批掌握了先进的农耕和稻米生产技术的人众，源源不断地从并不遥远的岛外来到了日本。

　　早在一九〇〇年前后，当时的下关市绫罗木乡，

就已经在一片沙地里发现了弥生时代的土陶和石斧，直到一九五〇年代考古学者们才正式对这一地区进行集中发掘，并指定为绫罗木乡的发掘现场为国定历史遗迹，同时建造了弥生时代历史遗迹公园，一九九五年五月，下关市考古博物馆在此开馆。

弥生时代，是继日本绳文文化之后的一个重要历史时期，由于最早的文物是在日本东京弥生町发掘出土而定名。它起自公元前三百多年，至公元后三百多年之间，恰好相当于中国的战国末年及秦汉时期。在弥生文化遗址中，还出土了大量的铜剑、铜矛、铜铎等。铜铎以中部日本为多，铜剑、铜矛则大多在九州地区。日本学界认为，加工这些器物的原料和技术显然来自中国。日本学者八木奘三郎曾经发现，中国山东省的铜剑、铜矛等器物与日本的出土文物极为相似；京都大学教授梅原末治等学者说："铜矛之见于日本，无疑意味着中国秦人汉人的东渡。"此外，在弥生町遗址中，还出土了中国古钺、古镜和秦式匕首以及汉字等。日本人很喜欢葫芦，这都与古代中国入海求不老仙丹的方士有关。

日本学者村新太郎著文，盛赞中国稻米传入日本的重大意义。他说："稻米拯救了日本列岛饥饿的人们，无论怎么说稻米要比其他一切都值得感谢。米与牲畜、贝类不同，可以长久贮藏。不久，村落形成了国家。"稻米的传入，结束了日本的渔猎生活，开始了农耕。那么，日本始终把徐福奉为"农神"和"医神"便在情理之中。

近年，据统计，在日本的徐福遗迹不下五十多处。清代驻日使馆参赞黄遵宪写有"避秦男女渡三千，海外蓬瀛别有天。镜玺永传笠缝殿，倘疑世系出神仙"一诗，并注文"日本传国重器有三：曰剑、曰镜、曰玺，皆秦制也"。

弥生时代土偶

日本新宫市有徐福墓，还有一千零七十一字的墓碑。新宫市内更有制作和销售"徐福天台乌药""徐福寿司""徐福酒"等商品的。在速玉神社内，陈列着徐福所用过的鞍、镫等物。新宫蓬莱山内还有"徐福神龛"，被称为"徐福之宫"。每年都有"御船祭""灯祭"等，都是祭祀徐福的活动。传说日本还有五百年一度的"徐福大祭"。

中国文化对日本的影响几乎无处不在，徐福对中日文化的交流可谓贡献重大。当然，他的东航还有许多未解之谜。比如"方丈""瀛洲"果为今之"济州岛"和"琉球岛"吗？徐福在此二处有何作为？等等。为此，海内外已成立了徐福研究会，更有人倡立"徐福学"，以便对徐福航海、天文、地理、医药、宗教、冶炼、民族、人种、语言、哲学、民情、民俗等领域进行深入的研究与考证。

中国秦汉之际（前 221—220 年），相当于日本列岛上金石并用的弥生时代（前 300—300 年）。秦汉之际的中国文化向日本的辐射与传播，大大缩短了日本列岛脱离蒙昧状态进入文明社会的进程。

这种交流主要是由中国移民来完成的。其实，秦以前的殷商和春秋战国时代，中国向日本的移民便开始了。那时诸侯争霸，战乱频仍，中国北方的齐、鲁、燕、赵之民，很多东逃朝鲜，也有的间接或直接逃至日本。秦汉时，中国移民日本的势头有增无减。"陈胜等起，天下叛秦，燕、齐、赵民避地朝鲜数万口"。其中秦朝的扶苏系和胡亥系皇族都有人先后逃亡日本。

汉代，武帝于公元前一百零九年在朝鲜设立四郡，直接统治朝鲜北部以后，大批汉人从中国本部前往朝鲜四郡就职、经商，他们的子孙就居留在那里，可是到了公元三百一十三年，中国在朝鲜半岛上的统治机构乐浪和带方两郡被灭后，移民过去的汉人就不得不离开那里，一部分回到故国，一部分则向南流动，渡海到了日本，成为"归化人"或"渡来人"，对中国和朝鲜来说，则是移民。日本史籍《日本书纪》里多处记载了东汉末年中国移民由朝鲜半岛进入日本列岛之事：

"应神十四年，是岁，弓月君率一百二十县人自百济到日本。"

"应神十六年，王仁自百济来，太子菟道稚郎子师之，习诸典籍。"

"应神二十年，阿知使主及其子都加使主，并率己之党类十七县人至日本。"

"应神三十七年，遣阿知使主、都加使主等经高丽国至吴，令求缝工女，后吴王与工女兄媛、弟媛、吴织、穴织四女以归。"

根据日本的传说，古代日本的外来移民，可分为两大系统，即以弓月君为始祖的秦氏和以阿知使主为始祖的汉氏。他们人数有多少，没有精确的统计。仅据《日本书纪》"钦明元年"（公元 540 年，梁大同六年）条：

"八月……召集秦人、汉人等诸番投化者，安置国郡，编贯户籍。秦户人数，总七千五十三户。"如果按每户五人计，就达三万五千人以上。这还只是秦氏一族的人数；如果再加上汉氏，总数要达六七万人。由此可知，秦汉时期中国内地移民定居日本的人数相当可观。

这些移民，对于当时的日本列岛来说，无疑是很宝贵的。他们有知识、有生产技术，都是曾经生长在中国内地的成熟文明之中，因此移居日本必然会把中国内地的成熟文明带进日本。

这些移民在日本繁衍生息，愈来愈多。因此，日本人的血液里有中国人的血液，中日两大民族有血缘关系存在，是一确切不移的事实。东京大学考古学教授江上波夫曾就此说过：

"由绳文文化向弥生文化的过渡是一次质的飞跃，其转变是突发性的。因此，创造弥生文化的并不是日本列岛上原有的绳文人，而是当时已经具有高度发达耕种农业技术的外来民族。"这个外来民族非中国移民莫属。所以，日本史学界一致公认："弥生文化是一种来自中国的文化。"（摘自李二和先生的《日本文化与中国》，有改动）

150～151

在绫罗木历史遗址的发掘中，发现了一千多个用于储藏的竖穴，除了碳化的稻米、植物的果实、陶器、石器之外，还出土了一种罕见的乐器：土笛。据考证，这种古乐器就是距今三千二百年，中国殷商时代在宫廷经常吹奏的埙。这种古乐器，在从福冈到京都的日本海一侧的古代遗迹中，一共发掘了七十个。

从绫罗木町出发沿着国道 191 号线往山阴方向走，大约二十公里有一处叫作"土井之浜"的弥生人古墓遗址。古墓群在距离响滩海岸线不足三百米的沙丘里，数百具尸体的骨骸历经两千多年居然被完好地保存下来。这些谜一般的弥生人，圆头、平脸、大腿骨很长，身材高大。根据最先进的考古技术发现，这些弥生人和中国山东省汉代古墓里的人体骨殖，在DNA 的比较上惊人地相似。

## 中山神社

日本的幕末时代是一个乱世，自古以来都是乱世出英雄，自古以来也是英雄出少年。吉田松阴、高杉晋作、伊藤博文、山县有朋、久坂玄瑞、桂小五郎、井上馨，还有坂本龙马、西乡隆盛、胜海舟、大久保利通……都是二十出头就已经在他们的时代叱咤风云了。一八六八年十月，日本第一百二十二代天皇睦仁，也就是明治天皇继位之时，只不过是一位刚过十五岁的孩子，在今天看来属于未成年。

明治天皇的父亲孝明天皇三十六岁驾崩，一生平平。黑船来航之后，他在"开国"还是"攘夷"的问题上一直摇摆不定，无论朝廷还是幕府都一直为此争论不休，几乎酿成大乱。以至于大臣岩仓具视冒大不韪进谏要求孝明天皇向天下人谢罪。明治天皇的母亲中山庆子是朝臣权大纳言中山忠能的女儿，她以典侍的身份嫁入宫中，在江户时代，典侍

中山忠光

中山神社鸟居

不是后妃，是侍候天皇日常生活起居的宫中女官，级别仅次于尚侍，不过典侍有为天皇生育儿女的义务。庆子的弟弟中山忠光，是一位英俊潇洒的少年公卿，结交了许多集结在京都的尊王攘夷派志士，被称为攘夷急先锋。

文久三年（1863年）八月十七日，攘夷志士推中山忠光为主将结成"天诛组"武装组织，在畿内地区的大和国起义，但是，起义不过数日就被幕府出兵镇压了。忠光不得已偷偷离开京都亡命长州，潜藏在长府藩，继续秘密从事攘夷活动。元治元年（1864年）十一月九日，深夜，有五个身份不明的刺客在长府藩的丰浦郡田耕村附近，将中山忠光暗杀，尸体草率地掩埋于绫罗木海滨附近。指使这次暗杀行动的主谋，一种说法是江户幕府，另一种说法是长州藩归顺幕府的"俗论派"。遗憾的是，忠光遇刺仅仅二天以后，高杉晋作就在功山寺举兵，开始了轰轰烈烈的倒幕运动。

死于非命的青年公卿中山忠光，时年只有二十岁。一年后，长州藩命人在忠光的坟墓附近，修建了一座小小的神社为其镇魂，这便是中山神社的缘起。

中山忠光彰显碑

中山忠光在潜伏长府藩期间，找了本地一个名叫恩地登美的女子做侍妾。忠光被害之时，登美已经有了身孕，并且顺利地产下一女，取名仲子。这位有着高贵血统的女孩仲子，一出生就被长府藩主毛利元德收为养女，再后来，她被中山忠光的正室中山夫人接回京都，作为忠光唯一的骨血精心养育。养尊处优的仲子姬，长大成人后以皇族的身份许配于维新政府的新贵嵯峨公爵，做了公爵夫人。

中山神社匾（溥杰书）

大正三年（1914年）三月十六日，仲子夫人的孙女嵯峨浩出生了，聪明、秀丽、多才多艺的嵯峨浩毕业于名校学习院女子大学。一九三七年，在关东军的主谋下，嵯峨浩以昭和天皇表妹的尊贵身份远嫁"满洲国"，与皇帝溥仪的胞弟溥杰结为夫妻，改名爱新觉罗·浩，虽饱经战乱却终生不渝。

爱新觉罗·浩的自传体文学作品《流转的王妃》，二十世纪五十年代在日本出版，一度成为畅销书。

# 菊川记

二〇〇五年二月，菊川町和周边几个零星村落与下关市合并，在行政所属上归于下关市。菊川町原名为丰浦郡，单是这一个郡字，就令我这个中国人感到分外亲切。

菊川田园风光

菊川田园风光

　　国道 491 号线是从下关市内前往菊川的最便利的
道路。过了小月町就算是出城了，但见一派郁郁青山，
绵延不断。山不高，一年四季长满密密的灌木，山岭
曲线优美，如歌。过了圆光山，可见道路右侧出现一
脉清澈的河流，原来是木屋川，川水湍急，日夜拍打
一滩碎石，亦如歌。

　　木屋川的水是下关市民的主要饮用水源之一，沿
途有好几处蓄水库，水库如天然的池塘，水面赛过镜
子，倒映出云影、山影以及岸边的树影、花影、人影。
每年十二月前后，总有一支天鹅的部落从遥远的北方，
越过千山万水来此地越冬。

从山路穿越出来，木屋川陡然变窄的时候，就到菊川境内了。

群山好像伸展了双臂把菊川搂进怀抱，天然形成了一块宽阔的盆地，视野也能放开了，景色亦随之一变，呈现在人们眼前的是美丽的田园风光。在薄云微雨的秋日午后，但见平坦、整齐的田亩一直连到远山的脚下，干净的农家小院散落在田间，那些琉璃屋瓦的民居和低矮的围墙，以及从墙里探出来的花枝，那些小巧的栅栏门和门外的苗圃、菜畦，简直就是一首唐诗、一阕宋词、一幅明代的水墨画。

是的，菊川是下关市为数不多的稻米之乡，地肥

"小日本"由来之碑

水美，所以能生产出优质的菊川米、菊川米酒、菊川米糕，还有鸭肉加工品都是名特产。菊川町的稻田，采取种一年歇一年自然增肥的方式，绝不使用化学肥料，也不打农药。六月，稻花开的时候，农民们就把大批小鸭子放到田里去吃害虫和杂草，因此，菊川特有的鸭子肉也成了一道美食。值得一提的是，菊川盆地的田亩，不需要灌溉，田间也看不到沟渠，完全靠天吃饭，人们总有耐心去参加各种祈祷风调雨顺、庆祝五谷丰登的祭祀活动，所以，稻荷神社里旗幡招展、龙王庙里香火不断。

近代以来，都市化的飞速发展，让田园不断消失，城市在一天天膨胀，遍地繁华。而乡村却日渐稀疏、萧索、寂寥。不过，生活在大都市里的人们，在情感上一定对田园怀着一份永远割舍不去的眷恋。无论你是否在乡村生活过，当炊烟升起、当牧歌传来、当社戏的锣鼓敲响，你不可能不怀旧；一棵古树、一扇老门、一条旧街巷，当它们唤醒你的童年记忆，你不可能不惆怅。每个人都会老去，每个人的内心深处都留着千丝万缕的乡愁，不由得把乡村当作精神的皈依。因为接近自然就是接近上帝。

有很多人的故乡已经沦丧了，土地卖了，旧房子拆了，古树砍了，老店铺倒闭了，老手艺人死了，青山绿水变样了，乡音走调儿了。你走进故乡，看到的都是一些相见不相识的人，你若不衣锦还乡，就别指望人家"笑问客从何处来"。从某种意义上可以说，现代人出卖了自己的故乡，抑或成了故乡的叛徒。这一群叛徒为生活所迫，为梦想所引诱，单枪匹马闯入城市，携家带口移民海外，与故乡渐行渐远。这也正应验了周作人说过的那句话："凡我住过的地方都是故乡。"这话是乐观还是无奈？

## 尺 八

尺八，用竹子的根部做成，看起来质朴、简易、单纯、长一尺八寸，故名之。我一直以为尺八是日本的传统乐器，或者像弦乐器的"三味线"一样，从中国的三弦改良而成。但是尺八还是尺八，没有改良，从唐朝开始原封不动被引进到日本，一直流传到现在。如今，尺八在它的故国已经失传了，几乎找不到一管原版的尺八了。

尺八与古筝合奏

　　尺八确乎始于唐代，发明者是唐太宗的御用乐师吕才。在南宋洪迈的《容斋随笔》里有过这样的记载：

　　"孙夷中仙隐传曰：房介然善吹笛，名曰尺八。将死，预取管打破，告诸人曰：'可以同将就圹。'尺八之为乐名，今不复有。《吕才传》云：贞观时，祖孝孙（太常少卿）增损乐律，太末诏侍臣举善音者，王圭魏征盛称其才，（吕才）制尺八，凡十二枚，长短不同，与律谐契。太宗即召（吕）才参论乐事。尺八之所出见于此。无由晓其形制也。尔雅释乐亦不载。"

五重塔

连洪迈都说"无由晓其形制"，由此可见，尺八到了宋代就已经失传了。

就如同孔子所言"礼失求诸野"一样，在我们古代失传的东西，有时候常常意外地完好保留于我们的邻国日本。在日本，居然还有九管唐代尺八保存下来，其中八管在奈良东大寺的正仓院，一管在法隆寺。

到了镰仓时代，尺八的演奏者多为禅宗一派的僧侣，所以尺八又被视为法器，有神圣感。吹奏尺八则一如修禅，僧侣凝神静气、闭目、端坐，如同念经一般、冥想一般，神驰天外。所以通常在传习尺八的道场，把演奏当作"吹禅"。江户时代一些颇有修为的武士阶层也比较喜欢尺八这种单纯的乐器。吹奏时，可在旷野，可在空谷，也可在自宅的寂寂庭院，独自吹奏，犹如自己对自己的私语。尺八声声：如怨如慕、如泣如诉，如哽咽、如叹息，如朔风挂在枯枝、如暗云笼罩荒城……演奏者与听者都会在尺八声中将内心的杂念扑灭，进入忘我之境。尺八演奏的流派在日本有很多，著名的尺八谱曲有《虚空》《虚铃》《虚海虎》，合称"古传三曲"。

　　值得一提的是，和尺八一同传入日本的，还有一首唐太宗亲自谱写的《太平乐》，一千年来，每当日本皇室举行盛大典礼时，宫内厅的御用乐师们就会演奏此曲。去日本旅行，一个中国人为什么一定要去京都和奈良？因为那里有唐的遗风、宋的余韵。在那里，可以引起对中华古文明的怀旧，可以怀想起中国人遥远的精神故乡。

　　去年八月，下关春帆楼，在参加赵无眠艺术研究会庆祝晚宴上，我第一次静听了尺八的演奏，感而志之。

# 角岛记

## 朱自清的《绿》

　　我第二次到仙岩的时候，便惊诧于梅雨潭的绿了。梅雨潭是一个瀑布潭。仙岩有三个瀑布，梅雨瀑最低。走到山边，便听见哗哗哗哗的声音；抬起头，镶在两条湿湿的黑边儿里的，一带白而发亮的水便呈现于眼前了。

162～163

　　我们先到梅雨亭。梅雨亭正对着那条瀑布；坐在亭边，不必仰头，便可见它的全体了。亭下深深的便是梅雨潭。这个亭踞在突出的一角的岩石上，上下都空空儿的，仿佛一只苍鹰展着翼翅浮在天宇中一般。三面都是山，像半个环儿拥着，人如在井底了。这是一个秋季的薄阴的天气。微微的云在我们顶上流着，岩面与草丛都从润湿中透出几分油油的绿意。而瀑布

朱自清

也似乎分外地响了。那瀑布从上面冲下，仿佛已被扯成大小的几绺，不复是一幅整齐而平滑的布。岩上有许多棱角，瀑流经过时，做急剧的撞击，便飞花碎玉般乱溅着了。那溅着的水花，晶莹而多芒，远望去，像一朵朵小小的白梅，微雨似的纷纷落着。据说，这就是梅雨潭之所以得名了。但我觉得像杨花，格外确切些。轻风起来时，点点随风飘散，那更是杨花了。——这时偶然有几点送入我们温暖的怀里，便倏地钻了进，再也寻它不着。

梅雨潭闪闪的绿色招引着我们，我们开始追捉她那离合的神光了。揪着草，攀着乱石，小心探身下去，又鞠躬过了一个石穹门，便到了汪汪一碧的潭边了。瀑布在襟袖之间，但我的心中已没有瀑布了。我的心随潭水的绿而摇荡。那醉人的绿呀，仿佛一张极大极大的荷叶铺着，满是奇异的绿呀，我想张开两臂抱住她，但这是怎样一个妄想呀。——站在水边，望到那面，居然觉着有些远呢！这平铺着、厚积着的绿，着实可爱，她松松地皱缬着，像少妇拖着的裙幅，她轻轻地摆弄着，像跳动的初恋的处女的心，她滑滑地明亮着，像涂了"明油"一般，有鸡蛋清那样软，那样嫩，令人想着所曾触过的最嫩的皮肤，她又不杂些儿渣滓，宛然一块温润的碧玉，只清清的一色——但你却看不透她！我曾见过北京什刹海拂地的绿杨，脱不了鹅黄的底子，似乎太淡了。我又曾见过杭州虎跑寺旁高峻而深密的"绿壁"，重叠着无穷的碧草与绿叶的，那又似乎太浓了。其余呢，西湖的波太明了，秦淮河的又太暗了。可爱的，我将什么来比拟你呢？我怎么比拟得出呢？大约潭是很深的，故能蕴蓄着这样

角岛大桥

为电影拍摄搭建的教堂

奇异的绿，仿佛蔚蓝的天融了一块在里面似的，才这般地鲜润呀。——那醉人的绿呀！我若能裁你以为带，我将赠给那轻盈的舞女，她必能临风飘举了；我若能挹你以为眼，我将赠给那善歌的盲妹，她必明眸善睐了。我舍不得你，我怎舍得你呢？我用手拍着你，抚摩着你，如同一个十二三岁的小姑娘。我又掬你入口，便是吻着她了。我送你一个名字，我从此叫你"女儿绿"，好么？

我第二次到仙岩的时候，我不禁惊诧于梅雨潭的绿了。

不知为什么，突然想起朱自清的这一篇散文：

《绿》。一九八〇年代，我读乡村小学的时候，我们的语文老师有一天突然找出这一篇文章，像梆子戏里县太爷过堂一样，他逼迫着每一个学生都完整地背诵这一篇《绿》，背不出来就揍人，拿教科书照脸上扇。当时是死记硬背，倒也从此终生难忘了。很多年后，当我来到角岛，穿过角岛大桥，看到山阴地区的日本海，看到扑面而来的绿色，脱口而出的竟是《绿》里的大段句子。我忽然觉得，描写绿色的文章再也没有能超越这一篇的了。通常，大海是蓝色的，但是角岛的海的确是绿色，是朱自清笔下醉人的、奇异的、闪

角岛海滩

闪发光的绿色。那么纯洁、明净，我也忍不住想从此叫她"女儿绿"。

角岛之美美在沁人心脾的自然与天然，碧绿的海水、雪白的沙滩和黑色的礁石，以及角岛上特有的沙滩植物文殊兰，它们万古常新，没有一点点人工的粉饰和干涉。

二〇〇〇年，角岛大桥开通，角岛立即成了下关市观光的名所。下关出身的电影导演佐佐部清执导的爱情故事片《四日间的奇迹》，特选了角岛为主要摄影地，二〇〇五年随着《四日间的奇迹》在全国放映，角岛也一举成名，还被选为日本最美一百景之一。

如果你看够了都市的高楼林立、车水马龙，如果你厌倦了人生的灯红酒绿、纸醉金迷，那么，不妨就来角岛放松一下吧，感受一种别样的心旷神怡。

游山玩水也是一种修行。一辈子，你能走多远……

背诵描写梅雨潭的《绿》时，哪里会知道作者就

角岛灯塔

是大名鼎鼎的朱自清呢。我们的语文老师叫陈高领，是微山湖西岸的一个乡村民办教师，他在我们村里教了一辈子书，听说好几年前就病死了。好人啊……

# 东行庵记

## 谷梅处尼

东行庵隐于下关市吉田町一片郁郁青山深处，属于功山寺的末寺，也是曹洞宗，供奉白衣观音像。

东行庵历史不长，创建于明治二年（1869 年），开基者是幕末维新的功臣山县有朋和出家为尼的谷梅处。此地原为高杉晋作组建的奇兵队临时驻屯的军营，奇兵队监军山县有朋在附近结了一处茅草庵，取名"无邻庵"。高杉晋作如烟花一般英年早逝，死后，埋葬于此，山县便将此庵转赠给为晋作守灵的尼姑谷梅处。谷梅处就是高杉晋作在下关的花街柳巷里结识的那个艺妓，原名叫鹈野（这两个汉字在日语中读作：wu nao）。

尼姑谷梅处

据野史记载，这位传奇女子鹈野是著名的维新志士高杉晋作的公开情人。在结识高杉晋作之前，她在下关的风俗街上是一个弹奏三味线的普通艺妓，家世不详，默默无闻。生于天保十四年（1843年），她十一岁便被卖到下关的青楼"堺屋"，十五岁登台，艺名"紫"（この糸，也就是此系，合起来就是紫，是妓女名字的隐语）。

二十岁这年，鹈野遇见了喜欢喝酒吟诗、喜欢高谈阔论、也喜欢逛窑子寻欢作乐的高杉晋作，不久两人坠入爱河。晋作年仅二十七岁病逝，死前父母、正妻雅子和儿子东一都不在身边，只有维新志士中的几个好友野村望东尼、山县有朋等和鹈野一起守候到最后。鹈野在晋作死后悲伤地出家，改名谷梅处尼，谷是晋作后来的姓，而梅是晋作最爱的花。谷梅处尼此后一直住在晋作坟前的东行庵里，终其一生为高杉晋作守墓。

一八六七年四月十四日，高杉晋作病逝于下关樱山附近一处陋室里，在葬礼之后不久，斩断情丝的鹈野去了长府的功山寺出家，适逢曹洞宗总本山永平寺的高僧久我环溪禅师云游在功山寺，鹈野有缘得到他的剃度，并受赠一尊白衣观世音菩萨雕像。

发誓为挚爱之人终生守灵的谷梅处，只身住进"无邻庵"，因为高杉晋作曾自号东行，故把"无邻庵"改名为"东行庵"。东行之号取自早年晋作写过的一首短歌："西へ行く人を慕ひて東行く　わが心をば神や知るらむ"（仰慕西行者，我却东行去，此心神应知。）到一九六六年，高杉晋作逝世一百周年之际，

东行庵内陵园

东行庵才扩建到现在的规模，并且开放了纪念高杉晋作和奇兵队事迹的"东行纪念馆"。

　　东行庵是幕末英雄高杉晋作和奇兵队战士们的灵地，至今，一百三十五名当年的骑兵队战士的遗骨迁葬于此。高杉晋作一生喜爱梅花，避难四国的时候，甚至用过谷梅之助的假名字。初代主持谷梅处尼在东行庵内外年年栽种梅花，一直到明治四十二年（1909年）八月七日圆寂，她遁入佛门四十二年，日日为高杉晋作守护法灯，经她大半生的努力，把东行庵也变成了一座著名的梅林和有各种鲜花装扮的圣地：梅花、樱花、山茶、紫阳花、藤花、石楠花、石蒜花、杜鹃花、菖蒲、芍药、红枫……

### 高杉晋作行状

　　天保十年八月二十日（1839年9月17日），高杉晋作出生于长门国萩城下町菊屋横町（现山口县萩市），为长州藩士高杉春树（高杉小忠太）的长子。

　　高杉晋作自幼在汉学塾学习，嘉永五年（1852年）

高杉晋作塑像

十三岁进入藩校"明伦馆"，以剑术高超闻名。

安政四年（1857年），他拜松下村塾的吉田松阴为师，与久坂玄瑞并称松门双璧，与吉田稔磨合为松门三秀，再加上入江九一，四人并称为"松门四天王"。师尊吉田松阴的顽强探索精神和对幕府腐朽政治的猛烈抨击，以及学以致用的主张和教育平等的理念，对晋作后来的发展产生了深远的影响，经吉田松阴介绍，他还结交了大思想家佐久间象山。发生在一八五九年的"安政大狱"事件中，年仅二十九岁的吉田松阴被处极刑，这件事更加深了他对幕府政治的痛恨。

一八五八年，晋作到江户幕府学校昌平坂学问所去深造。他在写给长州藩家老益田弹正的信中阐述了富国强兵的主张，指出"富国之本在于节俭""富国之末在于国产""强兵之本在于统一人心""强兵之末在于使两州（周防和长门）之人学习洋术"。吉田松阴对此赞叹道："呜呼，此诚国士之文章。"

一八六〇年，晋作与山口町奉行井上平右卫门的次女雅子结了婚，并进入军舰教授所学习航海术。不久，他又到日本的东北地区去游学，先后会见了会泽安、加藤有邻、佐久间象山和横井小楠。在旅行中，他开阔了眼界，特别赞同佐久间象山批判幕府、倡导开国的主张，也吸收了横井小楠鼓吹开国、富国强兵的思想。此后，他开始批判旧学（儒学与国学），提倡实学，热情地学习和传播洋学，迈上了向西方资产阶级文明学习的道路。从东北地方游学回藩后，晋作担任了明伦馆都讲（学官），不久藩世子提升他为江户藩邸的小姓役（侍从）。

一八六一年，藩主允许晋作到海外视察，并于次年派他去中国的上海。二月，幕府派出轮船"千岁丸"

去上海进行贸易活动，高杉晋作便同萨摩藩的五代友厚和佐贺藩的中牟仓之助一起随船前往。当船路过长崎时，他考虑"长崎互市之策"，认为"如能与美、法、英诸夷对话，则将大有裨益"。六月初，"千岁丸"驶抵上海，当时中国正发生太平天国运动。晋作在上海逗留的两个月里，采取一切可能的办法观察中国形势。在高杉晋作的眼里，中国的往日风貌已荡然无存：津港里面外国商船穿梭竞逐，市街上外国商馆鳞次栉比，一队队水兵从军舰上下来执行任务，苏州河上的外白渡桥只对外国人免费开放……他指出："上海之势可谓大英属国矣。""此决非隔岸之火……孰能保证我国不遭此事态？险矣哉！"

逗留期间，五代友厚对晋作说："尽管太平军有超人之勇，但在少数英法军队面前遭到惨败，今后是新式大炮和军舰的时代。"晋作深以为是，并邀友厚一起去观看新式大炮。他认为，清政府之所以衰败，乃在于其不识防御外夷于外海之道。既不造能闯过万里波涛之军舰，也不造能防御敌人于数十里之外的大炮，并使彼国志士所译之《海国图志》绝版。因循苟且，空渡岁月，徒然提倡固陋之说。

该年八月，晋作一回到长崎，就自作主张匆忙代表本藩与荷兰商人草签了购买军舰的协定，这不仅为藩里拒绝，还被传为一时笑柄。九月，他在京都向正为斡旋公武合体而进京的藩主叙述了中国的形势，然后就前往江户，在勤学院中就任御用挂（负责官员）。不久高杉晋作参加了席卷全国的攘夷运动，目的是迫使本藩不再斡旋于公武合体之间，把力量放到防长两藩国富国强兵上来，即实现地方割据。

一八六三年一月，晋作在神奈川的下田屋与久坂玄瑞等十一人歃血盟誓，策划暗杀外国人。一月三十一日，他亲率十三人火烧正在江户品川御殿山施工的英国公使馆。对于高杉晋作来说，袭击公使馆虽在形式上是攘夷，但他的目的是要求实行割据，未得到藩政府的同意，他便效仿西行法师，自号东行，剃发隐居于萩市。

但是，时局的变化没有使晋作隐居多久。在长州藩等尊攘派的鼓动下，孝明天皇发出攘夷的诏书，幕府将军被迫向朝廷保证"攘夷之事确定以六月二十五日（阴历五月十日）为期"。六月二十五日，长州藩首先点起了攘夷的火把，以久坂玄瑞为中心，以光明寺为大本营的尊攘派志士——所谓的光明寺党，断然开炮袭击了通过下关海峡驶往长崎的美国商船"彭布罗克号"。七月八日炮击了法国通讯船"建昌号"，十一日，炮击了荷兰军舰"梅迪萨号"。十六日，美国军舰"怀俄明号"对长州藩炮台和军舰进行了报复性的猛烈攻击，击沉三艘长州军舰，并封锁了下关海峡，沿岸的武士家属以及部分百姓纷纷逃往山中，海峡地区出现冷落的情景。法国东洋舰队也派出旗舰"塞米拉米斯号"和"唐克雷德号"进行报复，四国舰队于二十一日对下关和长府之间的前田炮台发动攻击，约有二百五十名陆战队员登陆，占领了前田、坛浦等处炮台，并烧毁了沿途村庄。长州藩志士们进行了顽强抵抗，但实力相差悬殊，列强们的坚船利炮使他们受到严重损失。长州藩风雨飘摇。

一八六三年七月十八日，长州藩起用高杉晋作，命其防守下关。十九日，高杉晋作组织了奇兵队。奇兵队名称的含义，是与藩属的武装（正规军）相对而言的非正规军。在这方面他参考了清政府在对付太平军时，从民间招募湘军和淮军的经验。晋作的方针是要组织一支有战斗力的军队。他认为，上层藩士没有用处，只知锦衣玉食，既无体力又无智力。奇兵队不论身份高低而唯才是用，招募自愿参加的一般农民、商人和手工业者，但主要是藩内最下层的武士。从一八六四年在籍的五百五十九名奇兵队员的身份看，武士占 48.7%，农民占 42.3%，商人市民占 4.5%，神官僧侣占 4.5%。奇兵队所有的服装、武器、操练均效仿西欧各国，这也是日本第一支新式军队，年仅二十四岁的高杉晋作亲自担任了奇兵队的总督。但是不久就被解除了这一职务。奇兵队发展迅猛，半年多时间已经发展到了四千多人，并且得到了很多豪农豪商的支持。奇兵队的出现，开创了日本现代新式军队的历史，带动促进了一些士庶混杂的民众武装的纷纷出现。这些武装的名目繁多，如"农民队""力士队""先锋队""八幡队""集义队""义勇队""荻野队"和"游击队"等，不下几十种之多，少则三五十人，多则三五百人，泛称为"诸队"。后来，这种新式军队逐渐成为倒幕维新运动中可靠的武装力量。

一八六四年七月，京都守护职指挥下的新选组，袭击并消灭了聚集在京都池田屋的尊攘派地下组织。
（池田屋事件）这件事情激怒了奇兵队，八月，奇兵
队在真木和泉和久坂玄瑞的领导下，向京都开进。高
杉晋作在劝阻无效的情况下，放弃了向藩主报告的义
务而奔向京都，就因这个缘故，他被判脱藩罪，关进
了萩市的野山监狱。但是因祸得福，也正因为坐牢这
个缘故，高杉才躲过一劫。八月十九日夜，真木和泉
和久坂玄瑞开始攻击京都皇宫的蛤御门，与守门的会
津兵展开激战，不料遭到侧面的萨摩伏兵突然袭击而
失败，真木和泉和久坂玄瑞等尊攘派领导人大多都被
杀或自杀死去，这就是"禁门之变"，高杉晋作未能
参加此战。

八月二十四日，幕府为了追究长州兵在"禁门之
变"中进攻京都皇宫的责任，取得讨伐长州藩的敕令，
便通知各藩出兵。讨伐军由御三家之一尾张藩主德川
庆胜率领，共计六藩十五万兵力准备讨伐长州。然而
各藩苦于财政困难，又对幕府恢复参勤交代制心怀反
感，因而并无战意，军队行动迟缓。讨伐军参谋、萨
摩藩士西乡隆盛提出了假长州人之手处分长州激进派
这种妥协方案作为解决办法。长州藩保守派命令攘夷

派的三家老四参谋切腹自尽以示"恭顺投降"。第一次征长战役就这样结束了。

长州藩在内外攻击下屈服于幕府，保守派掌握了藩政，并下令解散诸队和惩处尊攘派志士，使长州藩刚刚形成的尊攘势力受到严重打击。高杉晋作为躲避迫害，化名谷梅之助，于十月二十五日从家里悄然潜逃，到九州筑前藩的维新女士野村望东尼的平尾山庄隐蔽。

正当长州藩倒幕势力处于困难之机，亡命于筑前的高杉晋作决心以武力夺取长州藩政权，并与幕府斗争到底。在平尾山庄潜伏期间，高杉晋作写过一首汉诗《焦心录》：

"内忧外患迫吾州，正是家邦存亡秋。将立回天回运策，舍亲舍子亦何悲。"

十一月二十五日晋作潜回下关，秘密联络诸队布置举兵。一八六四年十二月十六日，高杉晋作在长府功山寺武装起义，号称"回天义举"。他列举藩内保守派奸吏的罪状，呼吁民众诚心协力，挽救国难。功山寺举兵不久，加盟者越来越多，起义部队势如破竹一举夺取了藩政主导权。

倒幕派掌权后，晋作曾准备出国考察西方富国强兵的经验，但长崎的苏格兰军火商古拉巴绅士劝他此时不宜出国，应该留下倡导开港，那样长州藩就可以从英国获得大量新式武器，晋作深以为是。高杉晋作指出，应该在不辱国体的条件下开放下关港，只有这样才能割据富国。否则，就不仅赶不上幕府和萨摩藩的实力，还会最终陷入外夷妖术。于是，他便留在藩内处理军国大事。晋作等人在"富国强兵""殖产兴业""开港贸易"的近代化方针指导下，实行了一系列的政治、经济和军事方面的改革。如破除封建门阀和身份制度，不拘一格选拔人才，改革军事制度，实行军备近代化，大搞开港贸易，发展工业等等，使长州藩作为"割据倒幕"基地而日益发展。

庆应二年（1866年）一月二十一日，在土佐藩的坂本龙马、中冈慎太郎、土方久元的中介下，高杉晋作和桂小五郎、井上闻多、伊藤俊辅（后更名为伊藤博文）一起在京都和萨摩藩秘密组成萨长盟约。五月，晋作与伊藤俊辅一起被藩主命令前往萨摩，并且在长崎单独买下了新式战舰"丙辰丸"。

一八六六年六月，在反击幕府发动的第二次征长战役中，晋作身为全藩军事统帅，并兼任海军总督，冒着枪林弹雨乘军舰"丙辰丸"亲自指挥并参加了大岛和小仓反击战，击退幕府舰队，夺回了周防大岛，使长州藩方面取得彻底胜利。在战场上，这位英雄曾吟诗一首："赫赫东藩八万兵，袭来屯在浪华城，我曹快死果何日，笑待四邻闻炮声。"从诗里可以想象出他当年指挥自若的情景。

当明治维新的胜利曙光依稀在望之时，高杉晋作因劳累过度身患肺结核，于应庆三年（1867年）四月十四日逝世于下关新地，葬在奇兵队昔日的驻地吉田，时年不足二十八岁。他辞世前的半句短歌是："おもしろきことなき世を　おもしろく"（让这无聊的人世，变得有趣起来。）

在明治维新历史长卷中，高杉晋作是一位值得重视的英雄人物。其政治生涯是短暂的，但却有声有色，威武雄壮，处处是惊涛回澜。在幕末各种政治力量重新组合的角力中，他勤于学习，长于思考，往往未雨绸缪，纵横捭阖。概观高杉晋作一生，虽有不足，但其思想在不断地向前发展并日趋成熟。其理论和实践始终是与时代变革的脉搏一致的，无愧于维新先驱者的称号。

明治四十四年（1911 年）五月二十日，在吉田的东行庵，由井上馨主持了高杉晋作彰显碑揭幕仪式。

维新志士卡通画像

彰显碑上刻有伊藤博文写给给高杉晋作的一段话：

"若论动如雷电、发如风雨，使众目骇然、不敢正视者，非我东行高杉君莫属。"

## 附录：吉田松阴和他的弟子们
### ——世界和日本志士的首次接触

吉田松阴被称为日本明治维新的精神领袖，作为"尊王攘夷"的始祖，日本人已经将其神化，这反而让今天的人们无法看清他的真实形象。有意思的是，外国人介绍松阴的事迹比日本人还早。其中描绘的松阴的形象，是一位以其人格魅力感染了众多门下弟子，并对他们的人生产生了决定性影响的人物。

在给日本带来了历史性冲击的航海远征"黑船来航"（1853年，嘉永六年）的第二年，美利坚合众国海军准将马修·佩里率领由7艘军舰组成的东印度舰队再次造访日本，逼迫德川幕府对其上一年提出的开国要求作出答复。佩里采取的是"炮舰外交"手段，舰队甚至开进横滨近海。3月31日，双方在横滨近海成功签订了《日美亲善条约》（即《日美神奈川条约》）。之后，为了厘定条约的细则，佩里舰队停泊在伊豆的下田港。期间发生了这么一件事情。

4月25日拂晓，佩里舰队的密西西比号军舰的舷侧，突然出现了两位年轻武士，他们摇着小船靠近过来，并准备用梯子登舰。在密西西比号舰长的指示下，两人又在风高浪急中划向旗舰朴哈坦号，历尽艰险，终于登上了甲板。高坐在旗舰上的佩里提督，通过翻译质问他们的意图。以下为佩里后来向美国国会提交的远征报告中的记载：

"他们直率地坦白，他们的目的是希望我们能带他们去美国，以实现周游世界、增长见识的愿望。……他们很有教养，能够流畅而工整地书写汉文，待人接物也礼貌干练。提督得知他们的目的后答复，他个人也很想带几个日本人到美国去，但遗憾的是不能这样做。……对于提督的答复，两人非常惊慌，声称如果回到陆地上他们一定会被砍头的，恳求允许他们留在船上。这个请求当场被干脆但又礼貌地拒绝了。他们还进行了长时间的对话，两人用尽各种理由，为能够得到支持而辩解，希望诉诸美国人的人道之心。最终，一艘小艇从军舰上吊下来，两人被送回陆地。两人冷静地稍示抗拒后，慨叹着自己的命运，悄然下了舱门。小船划到估计是他们出发的一带让他们登岸了。"

（马修·佩里著，宫崎寿子监译：《佩里提督日本远征记》。）

日本禁止本国国民擅自出国，违禁者判死罪。即使在美国人眼中这两人是无辜的，可按照日本法律，他们就是罪犯，佩里深知这一点。而且，此时美国刚刚强迫日本方面做出很大让步缔结了开国条约。在这个微妙时期，自己很难做出破坏日本法律的决断。第二天，佩里通过幕府的翻译得知两人安全上岸并被官府逮捕的消息。他在报告书中这么记述了当时的感受：

"这件事情很有深意，它显示了两位有教养的日本人的强烈求知欲，他们为增长见识敢于无视国家的严法，敢于赌上性命。日本人无疑是求知欲旺盛的国民，他们应该会欢迎能够增长道德和知识能力的机会。

这两位运气不佳，但他们的行动可以认为是该国国民的特质，没有什么比这件事情更能体现该国国民的强烈好奇心了。他们的行动之所以受阻，只不过是因为极其严苛的法律和保证不违法的严密监视体系在起作用。从日本人的这种特性，可以推断这个有趣的国家未来蕴含着怎样的可能性啊，或许应该说，它是多么有希望啊。"

　　这两位，就是长州藩（现在的山口县）出身的武士吉田松阴和他的弟子金子重辅。之后，两人作为罪犯被遣返回长州藩，并被囚禁在长州藩首府的监狱里。第二年，金子重辅在狱中死去。而吉田松阴则被允许出狱，在家软禁。这时，松阴继承了叔父开办的私塾"松下村塾"，教授附近的少年，并开始著书立说。但到了1858年，《日美修好通商条约》

缔结，松阴强烈反对条约，甚至策划要暗杀当时的幕府老中（直属将军的、统揽国政的常设职位——译注）。这时，以幕府大老（将军的副手、临时置于老中之上的最高职位——译注）井伊直弼为中心的势力正在对反幕府势力开展名为"安政大狱"的大规模镇压。松阴再次被充满戒心的长州藩当局逮捕，并被引渡给江户幕府。结果，松阴于1859年被处以死刑，年仅29岁。

　　佩里来航以后的德川幕藩体制末期，即所谓的"幕末"，那些激进的改革派活动家被称作"志士"，他们高举"尊王攘夷""勤王讨幕"旗帜，抵抗来自海外帝国主义列强的压力，力图改变国内体制。松阴作为他们的精神领袖，被后辈们推崇为殉教者。在下田发生的这件事情，可以说是世界和"志士"第一次近距离接触的实例。之前，佩里看到的都是现实版的"亚洲的停滞"——幕府首脑和官僚们展现出来的"无能、懦弱、不负责任"，而这次的下田偷渡事件无疑给佩里带来了强烈的冲击。

　　松阴讲学的私塾"松下村塾"的建筑，现在还在山口县的萩市保存着。萩市北临日本海，平地不多，西边是城堡和中心街区。松下村塾位于平地东端，属当时的郊区，是用自家小屋改造而成，有8叠（在日本，房间的大小用"叠"来表示，1叠约180cm×90cm＝1.62m² ——译注。）和11叠半大小的两间平房，十分简陋。1907年（明治40年）在小屋旁兴建了"松阴神社"，松下村塾成为神社中心。虽然松阴神社在明治维新多年之后才修建，但神社内部至今每年都进行整修；1922年被指定为国家级历史遗迹；战后的1955年新建了神殿；2009年，被追加到当时正在申请联合国教科文组织世界遗产的"九州·山口近代化产业遗产群"名单里；另外，还建有介绍松阴事迹的资料馆"至诚馆"，作为神社的宝物馆。这里已成了日本人心目中的"圣地"。不仅如今，随着时间的推移，这里将越来越受到人们的尊崇。

松阴在明治维新的9年前死去，他之所以被看作明治维新的精神领袖，当然与外界对于下田偷渡未遂等行动和尊王攘夷等思想这些他作为最早的代表性志士的作为的评价，以及死于安政大狱成为殉教者有关。

但最为重要的，还是他在松下村塾的教育成果。

松阴在私塾讲学教授附近的少年，是从下田偷渡未遂后被允许出狱到安政大狱再次被囚禁这一段期间，也就两年零几个月的很短时间。他教学生不设身份限制。他的弟子中，比起那些有资格进藩校、明伦馆上学的正规武士子弟来，足轻（足轻是日本古代最低等的步兵之称呼，他们平常从事劳役，战时成为步卒。在战国时代，接受弓箭、枪炮的训练，编成部队。江户时代成为最下等的武士、杂兵——译注）等低等武士、中等平民阶层或农民家庭的子弟更突出。而且弟子中的正规武士也不是藩内的贵族，而最多不过是那些可谓世袭官僚的中等身份武士。松阴本人，出身于正规武士中的贫困家庭，作为养子过继到了担任兵学师范（一种技术职务）的叔父家，以后又继承了叔父的职务。虽然他也是长州藩士，但并非武士主流的军人或行政官员，而是作为教官和研究人员为藩效力。

但是，他的五十多名学生中，很多人此后继承了老师的遗志，投身于志士活动，作为最激进的体制改革派引领着长州藩乃至整个日本走向明治维新。而且其中多人还担任了明治新政府的中枢要职，促进完成了日本的国家现代化。不难理解，随着学生们的成功不断积累，越到后世人们对其老师的评价也就越高。

相反，在松阴死后，甚至明治维新之后，除相关人士之外，松阴的名声并不为一般人所知。死后的松阴，也因为学生们的立场反映到评价上，成为政治意味非常强的符号。日本国内最早关于吉田松阴的传记评传，也是到了 19 世纪 90 年代之后才出版。之后，随着各个时代的焦点变化，对他的毁誉褒贬也各不相同。因此，虽然后世流传着大量关于松阴形象的信息，但松阴本人的为人反而越来越模糊不清了。

上文中，提到松阴传记时为何冠以"日本国内最早"这一修饰语，这是有原因的。因为，还存在着"世界最早的"吉田松阴传记。令人意外的是，这居然出自以《金银岛》《化身博士》闻名的英国小说家罗伯特·路易斯·史蒂文孙之手。史蒂文孙在爱丁堡遇到了来自日本长州的技术人员正木退藏，正木少年时代在松下村塾受过松阴熏陶。史蒂文孙从正木那里听说了吉田松阴老师的事迹后，深受感动，于1880年写成短篇小说《Yoshida Tora-jirou》（《吉田寅次郎》），发表在杂志上。寅次郎是松阴的一般称呼。在这篇文章里描写的松阴的魅力，比起之后在日本出版的任何一部松阴传记都更加生动。

在这篇小说中，史蒂文孙描写了少年正木退藏眼中所看到的松阴的形象，是这么写的：

"吉田的脸上有痘疮的疤痕，丑陋得甚至有些滑稽。虽然本质上过着严谨的生活，但不修边幅，很不讲究。穿着很朴素，吃饭和洗脸的时候，经常用袖子抹脸。而且，他的头发两个多月才整饬一次，从无例外，经常凌乱得不堪入目。每次想起这样的形象，也就很容易理解他没有结婚的事实。他言辞激烈粗暴，但行为却很沉稳，是一位了不起的老师。当讲义过于深奥时，完全无法理解的弟子张嘴发呆也好，或者时不时地发笑也好，他都置之不顾，不以为意。"（Midori Yoshida 翻译，引自 Midori Yoshida 所著《你所不知道的〈吉田松阴传〉》）。

而且文章还详细描写了下田偷渡未遂事件，对于松阴在危机中表现出来的爱国心和出类拔萃的行动能力，面对威胁不是情绪化地反抗，而是通过学习对方的知识增长自己的能力。这种远见卓识，以及即使多次失败也绝不失望放弃、仍然继续前行这种不屈不挠的精神，被史蒂文孙送上了赞美之辞："这和梭罗（美国思想家）所主张的'只要鼓起勇气去行动，即使结果是悲剧，那这种失败与成功也没什么不同'是一致的。我们毫不怀疑，吉田对未来抱有热切的梦想。即便事情的发展与预想相反，明知无法达成目标，那也没关系，那只会成为一个增添自己勇气的理由，以便更加努力地实现下一个目标。"（出处同上）

他的弟子中出现了很多这样的活动家。从这一点，也可以看出他的人格魅力和感化能力。而这一点，也感染了佩里和史蒂文孙。史蒂文孙在写完这个故事之后，给朋友写了一封信。他在信中感慨道："这是一个日本英雄的故事，他给了我生活前行的力量。"

（摘自 nippon.com，原题《吉田松陰とその弟子たち──世界が初めて出会った「志士」》，无名氏译。）

# 下关驿记

## 汉　字

　　大家应该知道日本自古就是汉字之国，是除了中国之外唯一一个延续使用汉字的国家，并且引以为豪。至今他们依然称爸爸为父上，称妈妈为母上，称自己为小生，称老公为良人，称妻子为家内，称女孩儿为娘，称男孩儿为息子。他们把家乡称为故里，把工作称为仕事，把住旅馆称为泊，把睡觉称为眠，把大路称为通，把镜子称为鉴，把牙签称为杨枝，把到达称为着，把结束称为讫。把出国叫外游，把回国叫归朝，把游客叫旅人，把去京都叫上洛。他们把公务员叫役人，把演员叫男优和女优，他们的名片还叫名刺，笔记本还叫手账，钱包还叫财布，鞋子还叫草履……

　　我忍不住说出这些，并不是卖弄我的日语词汇量，但凡对古典有好感的中国人，看到这些文字，你一定会觉得亲切，并且从心底生出一股暖意。当然，这样的单词还有很多，比如他们把婴儿称作赤子，把车站称作驿……

## 金子美铃号电车

下关驿就是陈桥驿的那个驿，日语写成"駅"。下关市内的车站有两个，一个新干线停靠站，叫作新下关驿，另一个是 JR 电车站：下关驿——本州岛最西部的车站，穿过关门海峡的海底隧道与门司车站对接，山阳铁道本线起于神户，止于门司。一九四二年以前，隧道还没有开通的时候，火车要靠着专用"联络船"渡过海峡，就像当年中国的津浦铁路，开到南京的浦口必须船运过江。彼时的下关站在细江町紧靠海边的地方，如果遇到坏天气，海峡里风大浪急，火车（那个时代车头还是烧煤的机关车）不一定顺利通过海峡，乘客们就要在下关留宿一两个晚上。因此，下关的旅馆业一度十分繁荣。著名的山阳宾馆就在下关站前的广场附近，豪华、气派、欧式风格，有上等的咖啡和流行的爵士乐。

昭和二年（1927年）的夏天，诗人西条八十去九州开会，途径下关站。他事先拍电报，约好和金子美铃在车站的月台上见面。这次一期一会的见面情景，被西条八十写进一篇文章里——《下关的一夜——追忆死去的金子美铃》：

"天已经黄昏了，我在站台上不停地张望，怎么也看不到一个长得像金子美铃的人，时间已经不多了，我焦急地寻找，终于在一个昏暗的角落里发现了她，她好像怕人看见似的躲在那里。金子美铃看起来二十二三岁的年龄，矮小的身材，穿着最普通不过的粗布衣服，头发也不怎么梳理，显得蓬松凌乱，身上还背着一个一两岁的孩子。

"论才华，金子美铃一点儿都不输给英国女诗人克里斯丁娜·罗塞蒂，但是能把童谣写得那么华美、富有幻想的金子美铃，她留给我的最初印象，看起来就像附近巷子内某个小商店里的女杂役。不过，如果你要仔细看一下她的脸，会发现她容貌端丽，特别是她的眼睛，如同黑曜石一样明亮。"

两个人见面只有很短的时间，在诗人西条八十那篇纪念文章里，金子美铃有点紧张地对他说过：

"我是翻过那座山走过来见您的，一会儿还要翻过那座山回家。"

初次见面，仅仅说了这么简单的几句话，然后就寡默着。八十还写道：

金子美铃画像

"可是，她那双明亮的眼睛，好像一直在表达着什么。"

西条八十和金子美铃说话的时间还不如和她背上的孩子交流的时间多，那个孩子看起来很可爱，西条八十用手抚摸着孩子的头。待了一会，西条八十和金子告别，拎着手提包向联络船走去，上了船，他回头看见：

"金子美铃站在月台上不停地向他挥舞着一块白色手绢。不一会小小的她就淹没在来来往往的人流里了。"

金子美铃号电车

　　西条八十对金子美铃的描写，是我所感觉到的最真实的童谣诗人的形象。每当走进下关站，一看到月台上金子美铃的画像，我就不由得想起她和西条八十见面的那个场景。她是翻过哪一座山来到车站的？

　　车站月台上的画像是金子二十七岁那年拍的，在自杀的前一天，她穿上自己最好看的和服，把头发梳理得整整齐齐，去龟山八幡宫附近的三好写真馆，留给世界最后一个表情，宁静而庄严，以及，淡淡的忧伤。

　　有一列电车以金子美铃命名，车体上画满金子可爱的卡通形象，还有她的童谣代表作，以及童谣描述的诗境。乘坐金子美铃号电车，行走山阴线可以直达这位著名童谣诗人的故乡仙崎小镇，镇上有金子美铃的墓地，也有她的纪念馆。

## 釜山门

从下关驿东口出来，走天桥过一条大街，一抬头就看见一座装饰华丽、状如牌坊的建筑，写着"釜山门"三个大字，下边是一条南北走向的小街，此地就是号称"小釜山"的韩国城。下关市三千多"在日韩国·朝鲜人"，一大部分都居住在这一带。从一九一〇年"日韩合并"时代开始，陆陆续续以征兵和征用的形式，有大批朝鲜人来到日本，截止到一九三〇年，已经有四十万朝鲜人居住在日本了，到一九四五年八月日本战败投降，在日本的朝鲜人口差不多增加到二百一十万。战后的日本几乎成为废墟，粮食短缺，生活艰难，大批朝鲜人纷纷要求回到已经解放的朝鲜半岛去。当时托管日本的联合国军总司令部（简称GHQ）有计划地租用轮船遣返朝鲜人，截止到一九四六年三月，大约一百四十万朝鲜人回国。

下关港与釜山港从一九〇五年就开始通航了，

釜山门

所以，居住在西日本的朝鲜人大多数都选择从下关港回国。一九五〇年六月，正在等船回国的朝鲜人有三四千人集结在下关港。他们都未曾料到，朝鲜战争突然爆发了。于是这些有国难回的朝鲜人，只得暂避下关等待时机。更想不到的是战争一打就是三年。失去家园的朝鲜人部落，在靠近海边的竹崎町、伊崎町、长门町等地区搭建窝棚住下来，为生活所迫，很多人去干最苦最脏的体力活，他们寄人篱下，成了无家可归的"弃民"。据说，他们就是"小釜山"韩国城的第一代侨民。三十八度线划出韩国与朝鲜，这些"在日"们也分出了水火不容的两派，亲北的一派隶属"在日朝鲜人总联合会"，亲南的一派回归"大韩民国民团"。后者自称"在日韩国人"，前者自称"在日朝鲜人"。发生在昭和二十四年（1949年）的"下关事件"，就是这两派人挥动日本刀在下关市街大打出手，闹出命案，山口县警署出动上千警力，抓捕了"在日"嫌疑犯二百零八人，案子轰动全国。

看过北野武的暴力片就知道，日本黑社会里，总有一些"在日"的影子，他们敢打架，出手狠，蔑视日本小混混，当然，也瞧不上中国系青皮（也叫 Chinese mafia）。有位"道儿上"的朋友告诉我说，下关和北九州一带是日本第三大黑社会势力范围，"工藤会""小樱组""合田一家"早已经威名远播了。

下关市出身的"俳优"即电影演员松田优作，特别擅长演黑社会角色，你看他表情：阴、冷、野、狠、毒、凶。九十年代好莱坞大片《黑雨》里边，那个新锐黑帮老大佐藤浩史就是松田优作扮演的，演技和米高·道格拉斯、高仓健比起来，一点儿也不逊色。

可是，现实中日本黑社会分子，一点儿也不嚣张，黑道也是"道"，他们自有他们的规矩，在光天化日之下看起来衣着体面、表情恭良，他们隐在幕后，把下关的几个红灯区经营得井井有条，至少外表看不到脏乱差，对待客人也彬彬有礼，服务周到，无论男宾女宾，到这里来寻欢作乐都比较放心、比较满意。

一九七〇年下关港与釜山港之间恢复邮轮往来，一直维持到现在每天一班，夕发朝至。一九七六年十月，下关市与韩国釜山市正式缔结为友好姊妹城市。佐佐部清导演的作品《七夕的夏夜》以下关市为背景，讲述了一个日韩高中生在体育交流活动中发生的爱情故事。

釜山门，是为了纪念两都市友好建交三十五周年，于二〇一一年建立的。

### 海峡 MESSE

这里是下关市最现代的建筑群，也是下关的地标所在。它由三部分组成：国际贸易大厦、多功能展示厅和瞭望塔。设计者有意把大厦的外观塑造成一艘航行中的轮船，多功能展示厅如同一只飞翔的海鸟，瞭望塔则以灯塔的外形展示出来。它们始建于一九九四年，历时两年完工。这里已经和下关车站繁华的商业区连成一片，集金融、贸易、商务、购物、观光于一体。

被称之为"梦之塔"的瞭望塔共计三十层，高一百五十三米，在钢铁的骨架外边镶嵌了八千七百块高强度玻璃板。夜幕降临，当五彩的灯光照射到玻璃的塔体上，远远望去，此塔巍峨耸立，果然如梦如幻。从第五层到二十八层中空，直径二十一米的巨大的球形瞭望台位于第三十层，坐快速电梯只需七十秒即可登临此处，三百六十度全方位欣赏海峡美景：濑户内

"马关祭"的街景

海、日本海、关门海峡此岸彼岸的无限风光尽收眼底。

梦之塔的西侧有一处开阔地带，即"梦广场"，这里是每年一度举行"马关祭"的主会场。

已经连续举办了三十九回的"马关祭"，是下关市最耀眼的人文风景。每年八月，全市市民总动员，参与这个盛大的纪念活动。奇兵队的大旗猎猎招展，平家人的太鼓撼动人心；远来的朝鲜通讯使，不失威

"梦之塔"夜景

大名行列

仪，各藩的大名行列，自带庄严。最有魄力的是集结
了四千市民参加的"平家踊"（带手语的传统舞蹈），
舞蹈场地从山口银行总部大楼开始，沿着"海峡花通"
大街一直到细江町的市立图书馆，在铿锵的太鼓和激
昂的三味线的伴奏下，浩浩荡荡的队列，穿着各色"浴
衣"，迈着统一的步伐，挥动着标准的手姿，凄婉的"平
家歌谣"声如裂帛……

　　马关祭结束了，也意味着凉爽的秋天，就要开
始了。

下関書

平家舞蹈

# 后　记


　　我在小城下关生活了十年，就像熟悉自己的身世一样了解这个城市。说它是小城，因为这里的人口不足三十万，和我故国的小县城比起来，差不多只是那边两三个乡镇的规模。

　　可能是上了点年纪，偶或心生怀旧，我对凡有沧桑感的物事都怀抱一份虔敬之心，之所以喜欢上下关，因为它有浓郁的历史况味。我总是愿意把下关叫作马关——这个城市的曾用名。中国的许多古城都有过美好的曾用名，比如：北平、直隶、彭城、广陵、姑苏、汴梁、金陵、长安、巴蜀、夏口……

　　明治维新以来，西日本的山口县是出政治家的地方，从这里走出了高杉晋作、伊藤博文、山县有朋、儿玉源太郎、乃木希典……截止到现任总理大臣安倍晋三，一共出了九个首相，还有七十多个将军和内阁大臣。当然也出文人：国木田独步、中原中也、种田山头火、林芙美子、松本清张、金子美铃……加上当代获得过芥川奖和直木奖的作家斯波四郎、伊集院静、高树伸子、船户与一、古川薰、田中慎弥之辈，也不会少于一百人吧。这些文武两道的人物都和下关有着割舍不开的牵连。毕竟下关在历史上是西国最有知名度、最繁华、最开放的国际化都市，八百年前就被称为出入亚洲大陆的"玄关"。从二十世纪七十年代开始，下关市陆续与韩国的釜山、中国的青岛、土耳其的伊斯坦布尔、美国的匹兹堡结交为友好姊妹都市。

在下关住久了，也就习惯了海峡的存在，听那潮音，看那帆影，偶尔会联想起董桥的一首七言：

山郭春声听夜潮，

片帆天际白云遥。

东风未绿秦淮柳，

残雪江山是六朝。

不过，帆影很少看到了，往来的都是万国货轮，

下关樱花

鸣起低沉、苍凉的汽笛声，庄严地穿过海峡，掀起的波涌推向两岸，轰然有声，打得礁石和堤崖卷起千堆雪。

衣带般一海相隔，中日两个邻国之间，断断续续的交流也差不多有两千多年了，自隋代开始，圣德太子向中国大规模官遣留学生，一直到南宋，他们向我国虚心学习了四百年，几乎一窝端地照搬了中国文化。正如韩愈的《师说》所言："弟子不必不如师，师不必贤于弟子。"明治以后，我们偌大帝国一再蒙羞受辱，在昔年的徒弟面前一败涂地。

下关即是一个见证，它看到过甲午风云之后李鸿章的悲情与无奈。从寒舍到签订《马关条约》的春帆楼，步行只用五六分钟。寂静的黄昏，当我散步走过蜿蜒的"李鸿章道"的时候，我有时会产生短暂的时空倒错之感，恍惚间走入一八九五年那个樱花飘零的暮春，看见一顶轿子抬着中堂大人颤巍巍地从山路上走来，轿子里传出一个老者有气无力的咳痰声。我忍不住会关切地问一句：

"大人，今日的谈判，又争回来一点吗？"

无语，只有一连串的咳嗽。

在匆匆结束这段后记的时候，请允许我引用一篇严杰夫先生的博客文章，无疑，这是我精挑细选所找到的有关中日关系定位的最好文章，文章给了我们一个理由，告诉我们为什么要向日本学习。

马关条约就像一记耳光抽到中国人脸上，一半是愤怒一半是清醒。从一九〇〇年代开始，大批中国学子来到日本留学，中国人向日本学习的历史开始了。

一个多世纪过去，今天，每年都有数百万的中国游客团队，扬眉吐气一般来日本观光、"爆买"，走马观花看一遭，只觉得楼没我们的高，房子没我们的大，车没我们的多，路没我们的宽，新干线没我们的快，说话没我们那么有底气，花钱没我们那么阔气，我中华是世界第二大经济体，论GDP早就超过日本了。我们来日本是为了找乐子，为了消遣。这都没错，都很正确，然而我想说的是，诸位，玩也玩了，乐也乐了，百闻不如一见，看到眼前的日本，那么今天，我们还需要向日本学习吗？

## 今天，我们还需要向日本学习吗？

中国向日本学习的历史，起码可以追溯到100多年前。1877—1882年期间，担任清政府首任驻日参赞的黄遵宪，凭借在日工作期间的观察和了解，写下了《日本国志》一书。在《日本国志》中，黄遵宪通过天文地理、政法礼俗、工商文教、物产工艺等诸多方面，介绍了明治维新后的日本。可以说，黄遵宪是近代向国人系统介绍明治维新后的日本社会制度的第一人。

从此以后，尽管中日两国关系充满了冲突和纠结，但中国人却自始至终将日本认作为先进国家中的模范，希望学习它的成功之道。这不仅是因为，日本在现代化进程中取得的巨大成就，更在于日本是唯一一个跻身发达国家之列的非西方国家。

不过，进入21世纪后，随着日本经济发展速度的放缓，中国却在经济领域取得全球瞩目的成就。于是，中国人曾经的那股向日本学习的风气，便开始出现了某种微妙的变化。有的国人认为，日本人表面礼貌却难以掩盖对中国的敌视，因此应对其予以警惕；有的国人则认为，日本早已陷于政治和经济问题中无法自拔，已没有资格再作为中国人的榜样。相比之下，那些认为应当继续向日本学习的中国人则少之又少。

那么，对于今天的中国来说，是否真的不需要再向日本学习了？抑或是，作为一个经济指标上迟滞的日本仍有诸多方面，值得成为中国转型的榜样？

事实上，早在30多年前，有个美国学者曾提过类似的问题。他就是哈佛大学费正清东亚研究中心前主任、著名的东亚研究专家傅高义。

20世纪60年代，傅高义在日本居住了两年。未曾想，这两年的旅居生涯竟然让之前对日本"一无所知"的傅高义，一下子对这个国家产生了强烈的兴趣。"日本这个国家使我大感兴趣，超出我要搞的社会学概论范围。"傅高义后来回想起那段经历时说。正是凭借着这种好奇心，后来傅高义不仅对日本的中产阶级进行了专题研究，更是在1979年出版了一部全面描写日本社会的著作《日本第一》。

同鲁思·本尼迪克特、拉夫卡迪奥·赫恩（小泉八云）这些西方学者不同，傅高义对日本的兴趣并不在于它悠久而奇特的文化，而在于作为一个"二战"中遭受重创的战败国、二战后美国军队的占领地，日本却能在战后迅速崛起，取得了许多西方国家都无法实现的发展奇迹。而且，傅高义还观察到："这个国家固然资源贫乏，但在处理一个后工业化社会所面临的基本问题上，却是出类拔萃的。"正是在这个意义上，傅高义认为，在世界上"日本是名列第一"。

许多学者喜欢将日本的成功，归功于日本民族的传统之上。他们认为，日本人之所以常常能表现出社会发展的奇迹，就在于其独特的民族精神和民族传统。鲁思·本尼迪克特在《菊与刀》里就写过，日本能轻易地"从一个极端转为另一个极端"；并且日本人对领导、父母和君主（统治者）的"忠""孝"是完全无条件的。正是这样极端的个性和传统，使得日本人能为了实现自己的目标而迅速调整自己的政策。

我们不能武断地评判鲁思的观点是没有根据的，但这种观察起码是浮于表面的。如果说日本在战后能够迅速摆脱战争阴影，并抛弃民族自尊心而忍受美国人的占领，将自己的发展中心完全转向经济建设，还算是与日本民族的传统性格有关的话，那么日本在此后的20年里持续维持着高速增长，就不能仅仅用文化因素来解释了。

傅高义写作《日本第一》的时候，日本已经是世界第二大经济强国，且对西方主导的全球经济秩序产生了强烈的冲击。到七十年代后半期，日本的国民生产总值是英、法两大老牌强国的总和，是美国的一半；

钢铁产量与美国旗鼓相当，但钢铁业的生产效率比美国更高、更现代化；另外，在造船、汽车、机械制造等多个领域，日本也占据绝对的优势。在这样的优势下，美国对日贸易逆差逐渐加大。著名智库波士顿咨询在分析日本的这种冲击时指出，日美贸易不平衡的主要原因，并不在于日本的贸易保护措施，而在于美国商品的竞争力不如日本的商品。

所以，傅高义才会指出，"我不得不相信，日本人之所以成功，并非来自所谓传统的国民性、古已有之的美德，而是来自日本独特的组织能力、措施和精心计划"。而日本在这方面所呈现出的成就，正是值得包括美国在内的所有国家学习的重要内容。

傅高义认为，日本的成功起码体现为七个方面的完善。这七个方面包括：知识、政府、政治、大企业、基础教育、福利和犯罪控制。事实上，这七个方面可以归纳为三类制度——知识和基础教育的完善体现出日本在教育、情报制度上的成功；而政府、政治和大企业的成就，则可以归类为组织制度上的成功；至于福利和犯罪控制的发展，我们则可以将其看作是社会管理制度上的成功。

　　毫无疑问，直到今天，日本在情报搜集和教育组织上的成就依然让我们印象深刻。日本人对教育的重视，不需要再多强调了。而日本研究所在情报搜集方面的能力却值得任何国家学习。傅高义指出，与美国最知名的那些智库相比，日本的研究所大部分都不太擅长基本调研，也缺乏创造性。这是因为日本智库的核心任务在于搜集信息，也就是"就某个具体的问题搜罗世界的最高知识"。它的目的不在于向决策者提供建议和结论，而更注重向企业家、官僚提供决策的线索和参考。

　　从这个角度来看，日本的智库更像是信息工具，而不是意见提供者。所以，日本情报制度的特别之处就在于强化了智库的情报搜集能力，而将决策的工作真正交给决策者自己来完成。这也就避免了决策者会对智库过于依赖的现象。

　　而在机构组织方面，日本企业和行政机构看上去层级森严而且流动性很低，供职于其中的职员和公务员大部分都是"终身制"。于是，很多人认为，这样的机构制度会令组织陷入僵化，最后导致人浮于事。但傅高义却认为，在这种组织制度下，职员或公务员才会为了避免被制度边缘化，而更努力地奉献自己的能力和精力，帮助机构实现发展目标。另外，在这样的组织制度下，职员也会对组织更加忠诚，职员之间也更加团结，这有助于长期规划和大型项目的实施。相反，欧美过于强调个人的组织制度，使得员工与企业或机构的利益很难保持一致，这也就不利于商品质量维持在高水平，长远来看，也就不利于企业长期目标的实现。

第三，尤为值得关注的是，作为一个亚洲国家，日本难能可贵地在社会管理上同样实现了现代化。正如很多人所观察到的，日本无论在环境管理、社会治安还是城市规划上，都显示出强大的组织能力。尽管，日本也曾经历过环境污染的问题，也同样遭受着犯罪案件的困扰。但我们不得不承认，今天的日本的确比大部分国家都要显得更干净、安全和井然有序。

对于这一问题，傅高义通过研究日本的福利制度，指出了日本在社会治理上的成功。傅高义表示，同西方政府不同，日本并未一味地建立统一的福利制度来为全社会托底，而是通过提供更多的就业机会，以及敦促企业更多地承担社会责任，以此来共同完成社会福利制度的构建。在这样的系统下，政府无须为社会保障承担过多的责任，企业也只承担自己应承担的那部分责任，社会成员则大多可以通过工作来保障日常生活，即使是部分老年人也可以通过开小卖部等工作来自己照顾自己。只有那些完全没有劳动能力的人，才会得到政府的完全保障。

218~219

而治安管理方面，日本同样采取了控制和宽容相结合的制度。正如澳大利亚犯罪学研究所所长威廉·克利福特所称："在日本的大城市里，有社会的纪律，对集体的忠诚，对地区社会的关心，这一切都约束了市民。"所以，当世界上任何城市的犯罪都在增多时，日本却把宽容和统制很好地结合起来了，这就值得我们深思。"

（来源：财新网）

**图书在版编目（CIP）数据**

下关书 ／ 阎先会著． —— 济南 ：山东人民出
版社,2017.5

　ISBN 978-7-209-10498-2

　Ⅰ．①下… Ⅱ．①阎… Ⅲ．①日本－概况
Ⅳ.①K931.3

　中国版本图书馆CIP数据核字(2017)第050924号

**下关书**

阎先会　著

| | | |
|---|---|---|
| 主管部门 | 山东出版传媒股份有限公司 | |
| 出版发行 | 山东人民出版社 | |
| 社　　址 | 济南市胜利大街39号 | |
| 邮　　编 | 250001 | |
| 电　　话 | 总编室（0531）82098914 | |
| | 市场部（0531）82098027 | |
| 网　　址 | http://www.sd-book.com.cn | |
| 印　　装 | 北京图文天地制版印刷有限公司 | |
| 经　　销 | 新华书店 | |
| | | |
| 规　　格 | 16开（170mm×220mm） | |
| 印　　张 | 14 | |
| 字　　数 | 110千字 | |
| 版　　次 | 2017年5月第1版 | |
| 印　　次 | 2017年5月第1次 | |
| 印　　数 | 1—10000 | |
| ISBN 978-7-209-10498-2 | | |
| 定　　价 | 48.00元 | |

如有印装质量问题，请与出版社总编室联系调换。